W0368086

Tifi en Haïti

Collection animée par Soazig Le Bail.

ISBN 978-2-84420-903-0

Loi n° 49-956 du 16 juillet 1949 sur les publications destinées à la jeunesse
Maquette : Bärbel Müllbacher

Tifi en Haïti

Valérie Lacroix

Roman

Illustration de couverture
de Chamo

EDITIONS
THIERRY
MAGNIER

Valérie Lacroix est née en 1965 à Lyon, le cœur partagé entre le Rhône et la Saône.

Un peu plus tard, c'est entre les sciences et les lettres qu'elle hésitera.

Elle enseigne aujourd'hui les sciences de la vie et de la terre en Saône-et-Loire et écrit, à côté de ses trois enfants.

Pour Macklore.

« … Petits enfants livrés nus aux chiens
aux pierres à la boue
vous qui n'avez que votre nudité vos grands
yeux
couleur de noyaux
il vous faudra beaucoup pardonner…
car la terre les hommes souffrent tout
barbouillés de noir… »

Jacqueline Kelen

Première partie

1

12 janvier 2010, 16 h 53,

je me souviendrai toute ma vie de ce jour-là. De ce moment-là. J'étais malade, couchée sur ma paillasse. Je n'ai pas eu peur tout de suite. Pas le temps. J'ai eu de la chance, car le toit de notre case, il était en tôle, avant je trouvais que ça faisait pauvre, ça m'énervait, mais maintenant je suis bien contente, et c'est grâce au toit de tôle que je suis encore vivante. Ceux qui habitaient dans une belle maison bien solide, avec des murs et un toit en briques, maintenant ils sont dessous, enfin je veux dire, dessous la terre, moi, quand la tôle est tombée, elle m'a écrasée, et puis aussi, elle m'a coupé le mollet, tout en long, ça saignait beaucoup, je sentais le sang chaud qui coulait mais pas la douleur, je crois que c'est parce que je ne comprenais rien. Je me souviens de la première secousse, je lisais sur ma paillasse en attendant ma mère, *Les Oiseaux des tropiques*, bien tranquille, et puis, le livre, il s'est penché sur le côté, comme si le paille-en-queue tombait dans la mer, et j'ai cru que je tombais aussi. Je me rappelle, la tasse de café de ma mère, la petite bleue avec une oreille cassée, elle s'est renversée, *tigling* par terre, d'abord, je n'ai entendu que ça, *tigling*, pourtant le bruit était partout, dessus, dessous, dehors surtout, je me le suis rappelé après, le bruit, un grondement qui venait de très loin sous moi, j'ai l'impression maintenant que la Terre grondait depuis le creux de son ventre, et en plus, elle expliquait sa colère, la Terre, je veux dire qu'elle grondait en prenant son temps, pas un coup de gueule comme ça et puis c'est fini.

Quand le toit est tombé, je me suis retrouvée dessous et j'ai commencé à avoir peur. Les murs en terre se sont couchés à leur tour, il y avait beaucoup de poussière. Cela n'a pas duré longtemps, une minute, peut-être. Mais il y a des minutes plus longues que d'autres, c'est bizarre.

M. Neptune, il nous a expliqué, alors maintenant, j'ai tout compris : la surface de la Terre est formée de plaques qui s'emboîtent les unes dans les autres comme les dessins des lézardes, sur un des murs de l'école, les pièces d'un puzzle. Nous, on vit sur la plaque caraïbe, et on est coincés entre les plaques nord-américaine, sud-américaine, Coco et Nazca. Des drôles de noms ! Toutes ces plaques se poussent et se bousculent dans tous les sens. Une plaque glisse sous la nôtre, et puis nous soulève, ou alors, c'est nous qui glissons sous celle des voisins.

La subduction, ça s'appelle. Le 12 janvier, la plaque caraïbe s'est décrochée d'un coup de la plaque nord-américaine, mais à moins de quinze kilomètres sous nos pieds, c'est pour ça que c'était très grave, et pour nous expliquer, M. Neptune, il faisait glisser deux morceaux de charpente de l'école l'un contre l'autre.

Il paraît que les tremblements de terre, en Haïti, ça existe depuis des millions d'années. Que ce n'est pas le premier, ni le dernier. Alors je me demande pourquoi on a un jour décidé d'habiter ici, à part que c'est beau, et pourquoi on a construit nos maisons juste sur la faille, et aussi pourquoi tout le monde veut venir, Christophe Colomb, et puis les Français, et même les Américains… Souvent, je ne comprends rien.

Aussi, j'ai oublié de dire, ma mère a disparu sous les décombres de l'hôpital où elle travaillait, mais on n'a pas retrouvé son corps. M. Neptune, il dit que c'est mieux quand on retrouve les corps, c'est peut-être pour ça que j'ai du mal à croire à la mort de Man.

M. Neptune, c'est le maître, et quand l'école s'est effondrée du côté de la classe des petits, il était sur le terrain de foot avec ceux de ma classe, après, il a cherché les petits et Mme Ambroise dans les débris, il a retrouvé Junior et Joseph, et c'est tout. Mme Ambroise non plus, il ne l'a pas retrouvée.

Et puis il s'est souvenu que j'étais toute seule chez moi, alors il est venu à Cité-Soleil, et c'est là qu'il m'a trouvée, un peu évanouie, la jambe en sang sous la tôle pliée et la tête dans la poussière.

La maison de M. Neptune aussi s'est écroulée, alors on s'est tous installés dans des tentes dans la cour de l'école : ceux que les parents ne sont pas venus chercher, lui et moi. On est sept enfants en tout. M. Neptune, il dit : « Sept orphelins probablement. »

2

Probablement. Ce mot sonne bizarre en moi. Comme une question dont on attend la réponse. Ou un dessin pas fini.

Le lendemain, M. Neptune, il parlait avec un Français en uniforme, un gilet rouge et gris avec une croix rouge dessinée dessus, ils disaient qu'on entendait souvent des voix sous les décombres. Et ils me regardaient en disant ça.

Alors le soir, quand la cour de l'école soudain s'est tue, je suis sortie de la tente sans faire un bruit. Junior et Joseph s'étaient enfin endormis, épuisés d'avoir pleuré toute la journée. Moi je n'ai pas encore pleuré car il y a ce mot, probablement, qui m'en empêche.

J'avais mal à la jambe, ma cheville était chaude et puis gonflée, alors je ne m'appuyais pas trop dessus, et je me dandinais comme un canard avec mon pansement qui me faisait comme une grande chaussette blanche. C'était la première fois que je voyais ma Cité depuis le tremblement de terre. On aurait dit que c'était tout dérangé de partout, enfin plus que ça, *ala dezod !*, ma mère dirait, je me suis demandé combien de temps il faudrait pour ranger tout ça. Les familles qui campaient un peu partout me regardaient d'un drôle d'air, *bonjou tifi*, petite ! *Kote manman ou ?*, je ne sais pas où est ma mère, *bèl tifi* ! *Ki jan ou rele ?* J'ai pas envie de vous dire comment je m'appelle, d'autres pleuraient, d'autres encore fouillaient les entrailles des immeubles effondrés comme des châteaux de cartes, l'hôpital était de l'autre côté d'un tas de ferraille qui me barrait la route, là, devant moi. Il fallait que je l'escalade. Je me suis agrippée à une barre en fer suspendue au-dessus des briques cassées, *ou pa monte là, tifi*, mais c'était plus facile que de sauter sur les digues de la Cité au bord de la mer, grâce au câble qui me portait et qui m'évitait d'appuyer les pieds sur le verre cassé. Je m'balançais.

Quand je suis arrivée de l'autre côté du tas de ferraille, il faisait nuit. Des feux s'allumaient un peu partout, une famille installée sur la place chantait en levant les bras vers Jésus. C'était beau, *tout va déjà bien, tout va déjà bien, Jésus sur son trône*, les bras levés vers le ciel, merci, j'ai chanté avec eux car ils allaient en direction de l'hôpital. Et puis ils sont partis, et je suis arrivée devant l'hôpital, mon cœur qui tapait dans ma jambe est remonté dans ma gorge, brusquement, l'hôpital, on aurait dit un mastodonte couché sur le côté, une montagne tombée par terre, de la poussière dans l'air, dans une longue agonie, il fumait, quelques ombres farfouillaient tout autour de moi et j'ai regardé. L'une d'elles, devant moi, cherchait un passage sous les murs écroulés. Elle a fait trois fois le tour du mastodonte et puis elle a hésité devant le début d'un passage. La lune s'est éclipsée et tout d'un coup, la nuit est devenue très noire, on ne voyait plus que quelques feux sur les côtés. L'ombre est partie en gémissant, *Jésus, where is my love ?*

Je me suis retrouvée toute seule, j'avais un peu froid, et puis très chaud à la jambe. J'avais soif aussi. Je me suis approchée du petit tunnel sous le béton, là où l'ombre s'était arrêtée, mais je ne voyais rien, alors je me suis assise en tailleur en face de l'entrée et j'ai écouté là-dedans, j'entendais comme un souffle dans le mastodonte, mais ce n'était pas le sien, j'ai pensé à Pinocchio dans le ventre de la baleine, j'en étais sûre maintenant, le souffle, c'était celui des gens qu'il avait avalés. Man ! Man ?

Et j'ai entendu ma mère qui chantait, *fè dodo bébé, pou Man, si bébé pa fè dodo, gwo cha là, ap manjé w…, gran lou-lou va manjé w…, va manjé w…, manjé w…, w…*

3

Quand je me suis réveillée, le matin arrivait, j'ai entrouvert les paupières et j'ai vu la lueur de l'air qui devenait de plus en plus claire, je les ai refermées et je me suis rappelé hier. Et j'ai vu dans ma tête un morceau de tissu bleu qui dépassait des blocs de béton, tout en haut du mastodonte. C'est drôle, je ne l'avais pas vu hier. Et je me suis rappelé que ma mère, en partant le matin, elle avait mis sa petite robe bleue, celle qui flotte dans le vent comme un drapeau. J'ai eu un peu peur, et j'ai ouvert les yeux : j'étais dans la tente, à côté de Junior. Je suis sortie sans faire de bruit et là j'ai aperçu M. Neptune qui faisait chauffer de l'eau sur un bleuet. Il m'a souri et puis juste après, il m'a passé un savon, il paraît que c'est dangereux d'aller à côté des bâtiments effondrés, que s'il ne m'avait pas suivie, j'aurais pu être ensevelie à mon tour, alors je lui ai dit que j'avais entendu quelqu'un chanter dans le mastodonte, que je croyais que c'était ma mère. Il m'a promis qu'on y retournerait ensemble.

Mais il a couru toute la matinée dans tous les sens pour trouver un médecin pour Junior.

Il ne peut pas bouger le bras, Junior, et il pleure tout le temps. L'après-midi enfin, des hommes sont venus le chercher avec une civière et ils l'ont emmené à l'aéroport pour la Martinique. J'espère que je le reverrai bientôt, je l'aimais bien, Junior, à part qu'il pleurait tout le temps.

Après, avec les autres, on a essayé d'aider M. Neptune à récupérer des affaires dans l'école, mais là encore, il râlait tout le temps, il ne voulait pas qu'on aille derrière, qu'on s'approche du mur jaune avec la grande fissure.

Toute la journée, j'ai pensé au bout de tissu bleu piqué dans la ferraille, et quand le soir est arrivé, M. Neptune m'a regardée, il fait nuit maintenant, on ira demain, il m'a dit, et on demandera à la Croix-Rouge de venir avec nous.

J'étais furieuse. Les adultes, ils n'ont pas de parole.

À minuit, j'ai allumé la lampe de poche que j'avais trouvée dans l'après-midi au milieu des gravats, j'ai ouvert la tente, et je suis sortie sur la pointe de mon pied gauche. M. Neptune n'était pas là, il faisait la queue sur le Champ-de-Mars pour récupérer des packs d'eau et de nourriture.

J'ai pris le même chemin que la veille, il y avait les mêmes gens qui campaient aux mêmes endroits, les mêmes feux, mais les enfants dormaient, sous des tentures à fleurs suspendues aux arbres. C'était un peu plus joli qu'hier.

J'ai escaladé les rails en fer, accrochée à ma rampe suspendue, j'ai traversé les routes encombrées de pierres, de bois, de fer, de tables pliées, de télés renversées, et je suis arrivée devant le mastodonte. Ce soir, il ne fumait plus, comme s'il était mort. Je me suis dit qu'en expirant, il avait dû recracher tous ceux qu'il avait avalés. Ma mère peut-être. J'ai regardé tout autour mais il n'y avait aucun cadavre par terre. Je me suis assise en tailleur devant l'entrée du tunnel, et j'ai pointé la lampe de poche à l'intérieur, complètement noir, et puis tout en haut du gros corps inerte. Ce soir, la lune éclairait aussi la scène, même bien mieux que la lampe de poche. Je l'ai éteinte, puis jetée dans les gravats. Oui, là-haut, un morceau de tissu flottait dans le vent, *ti Jésus, mon tifyansé*, fais que ce ne soit pas ma mère. J'ai escaladé le ventre du monstre, d'énormes blocs de béton, un peu lisses parfois, éventrés ailleurs, ma jambe droite est tombée dans ses entrailles, brrr, c'était dur, froid et vide, j'ai ressorti ma jambe en vitesse, un peu trop vite, je me suis accroché le pied à quelque chose de pointu, aïe, même mort, le monstre, il avait réussi à me mordre encore, c'était chaud, c'était mon sang qui coulait par-dessus mon pansement, pas grave, je n'ai rien senti du tout, que la peur encore.

J'ai continué de grimper, à quatre pattes, le fanion là-bas, en point de mire, mes doigts s'accrochaient à des formes pointues ou arrondies, les boyaux du monstre à ciel ouvert.

Je suis arrivée tout en haut, essoufflée, et j'ai fermé les yeux. Je ne voulais pas voir. Je préférais toucher. Ma main s'est approchée du tissu, tout doucement, mes doigts tremblaient. Ils se sont arrêtés quand ils ont senti l'étoffe. Ils se sont promenés dessus, l'ont frottée, caressée, pincée. C'était un tissu bien plus épais que celui de la petite robe bleue. J'ai ouvert les yeux. La lune éclairait des numéros, et puis des lettres, 15656 H PORT-AU-PR... Et le tissu était arraché. Un morceau de drap. Ce n'était qu'un morceau de drap. Et s'il y avait un mort là-dessous, ce n'était pas ma mère. Elle était pas malade, ma mère, pas couchée, pas dans un lit, pas dans un drap. Elle était en pleine forme, et dans une robe bleue bien plus légère que ça.

Bon, maintenant, il fallait redescendre, mais cela m'a paru beaucoup plus facile, le mastodonte ne me faisait plus peur, et là-haut ce n'était pas la robe de ma mère, je me sentais un peu plus légère.

En bas, je me suis assise à mon poste, devant l'entrée du tunnel. J'ai tendu l'oreille, mais je n'ai rien entendu. Je l'ai tendue encore, à me faire mal au cou. Rien. Il était complètement mort, le monstre. J'ai hésité, je pouvais presque m'enfiler là-dedans pour aller voir. J'avais très envie de le faire. Une envie irrésistible, c'était vertigineux. D'un autre côté, une petite voix me disait que c'était de la folie, la voix de M. Neptune ? J'ai écouté encore, et puis j'ai regardé tout au bout du tunnel, il faisait complètement noir tout au fond. Mon cœur s'est mis à battre si fort dans ma poitrine qu'il m'a précipitée à l'intérieur sur les genoux. À quatre pattes, j'ai commencé de ramper sous la tôle froissée. À mi-chemin entre le moins et le plus noir, j'ai senti avec mon bras un passage sur ma droite, c'était un passage d'au moins un mètre de large, et au bout, comme une lumière bleue, j'ai hésité encore, j'avais du mal à respirer, puis j'ai entendu, *tifi, pa fè sa*, je ne sais pas qui parlait, comme si ça venait du dedans de moi, alors, j'ai paniqué, mon cœur battait à cent à l'heure, je suis ressortie en vitesse, j'ai eu si peur que le cadavre s'effondre et m'écrase. Enfin je suis sortie.

Écouter. Écouter encore, et je me suis endormie un peu plus tard, mon corps épuisé devant la gueule ouverte de la dépouille du monstre. Vomie par la mort.

4

M. Neptune me portait dans la nuit. Enveloppée dans ses bras, je me balançais au rythme de ses pas, je sentais le mouvement de ses hanches qui montaient et descendaient, et je faisais semblant de dormir, il est très grand, M. Neptune, c'était comme si j'étais perchée au sommet d'un manguier, la tête dans le ciel avec les pailles-en-queue qui tournent au-dessus de la mer, c'était doux, comme quand j'étais dans les bras de ma mère et qu'elle chantait *fè dodo*… C'était bien d'être dans ses bras. J'aurais voulu qu'il marche ainsi toute la nuit et qu'on aille au bout du monde.

Quand on est arrivés dans la cour de l'école, j'ai fait semblant de me réveiller, ma cheville droite me faisait mal, le sang tapait à l'intérieur et dès que je remuais un orteil, la douleur montait dans toute la jambe. M. Neptune a défait mon pansement, il a nettoyé la plaie avec du rhum, c'était horrible comme ça brûlait, il a encore râlé, un peu plus fort qu'hier, il fallait que je me tienne tranquille à la fin, si je ne voulais pas qu'on me coupe la jambe. Alors je lui ai expliqué la lumière bleue dans le tunnel, et là, il m'a regardée dans mes yeux ronds, je te promets, tu m'entends, je te promets que si maintenant tu dors, on retournera là-bas demain, et là, je ne sais pas, je l'ai cru.

J'ai eu de la fièvre toute la nuit, le cœur dans le mollet, j'avais peur qu'on me coupe la jambe et qu'on n'aille pas là-bas demain, que M. Neptune me trahisse encore, je suis allée dans sa tente et je me suis couchée près de lui, il a caressé un peu mon front trempé, m'a donné à boire, et là je me suis endormie, tout contre lui. Je me suis réveillée plusieurs fois dans la nuit car j'étais mouillée dans le dos et j'avais froid, à chaque fois M. Neptune me donnait à boire, et je me rendormais aussitôt. Le matin, la fièvre avait disparu. Les autres piaillaient dans la cour, Mathilde est venue me voir mais elle m'énerve, Mathilde, elle veut toujours jouer au Monopoly, elle a eu de la chance de le retrouver dans un tas de cailloux derrière l'école, les hôtels et les maisons pas cassés, mais moi j'aime pas ça, le Monopoly, ça dure trop longtemps, une partie. J'ai cherché M. Neptune, il nous épluchait des oranges, moi je préfère les mangues, quand elles pleurent, j'ai relevé la tête, le manguier de la cour, il était un peu plus penché qu'avant mais toujours debout, et les mangues, elles étaient encore minuscules et toutes vertes, j'ai faim quand même, c'est pour nous les taillons d'orange, je lui ai demandé les sourcils remontés l'un vers l'autre, j'étais très inquiète, mais M. Neptune, il comprend tout, toi, oui, tu manges ça, et après je t'emmène comme promis voir le monstre, il a dit en me soulevant de terre, et après, il m'a installée au creux de ses bras comme cette nuit, et on est partis.

Joseph, derrière, nous suivait comme un petit chien.

Les rues n'étaient pas comme d'habitude, il y avait des Marines avec leur uniforme pour se cacher dans la brousse, des mitraillettes au bout du bras, on aurait dit la guerre, et puis, un bruit énorme, sourd, continu, venait du quartier de l'hôpital et emplissait l'air tout autour de nous. De la poussière partout. Le ciel était jaune-marron, comme avant un cyclone.

Nous sommes arrivés devant le monstre, il y avait des pelleteuses et des camions partout, les mâchoires métalliques creusaient dans les entrailles de l'hôpital et remplissaient les bennes de débris de toute sorte. Quand les bennes étaient pleines, les camions s'en allaient. Je veux descendre, fais-moi vite descendre, monsieur Neptune, ils vont emmener Man. M. Neptune m'a fait descendre, il a pris ma main, et puis on est allés voir les sauveteurs avec un casque rouge, ils surveillaient les opérations, ils avaient de jolis chiens avec des harnais rouges aussi, M. Neptune a parlé aux sauveteurs, *she says she heard her mother*, alors les sauveteurs, ils ont dit quelque chose à l'oreille du chien, il a bondi aussitôt dans le tunnel sous les cailloux, relié à son maître par une longue sangle. Moi j'avais le cœur qui battait, j'étais sûre qu'il allait bientôt aboyer pour dire qu'il l'avait retrouvée. Mais il n'a pas aboyé, et il est ressorti très vite, et les sauveteurs nous ont regardés en secouant la tête.

Je me suis assise un peu plus loin, je n'y croyais toujours pas, c'est assez difficile à expliquer, mais je ne sentais pas que ma mère était morte. Je me disais que c'était le genre de chose que l'on doit sentir à l'intérieur, non ? Et moi je ne sentais rien du tout, même pas envie de pleurer, rien de triste à l'intérieur, juste une drôle de force pour me battre, remuer le ciel et la terre pour la retrouver.

M. Neptune est venu s'asseoir à côté de moi et ensemble, on a regardé les sauveteurs, les chiens, et puis, les camions, les gravats, les pelleteuses. Toute la journée. Et puis un sauveteur est parti avec les chiens.

Parfois, une jambe ou un bras dépassait du tas, alors les casques rouges sortaient le corps entièrement, et l'allongeaient sur une civière. Des fois, y avait rien du tout au bout du bras ou de la jambe. M. Neptune voulait me ramener à l'école, mais moi je voulais rester avec lui, avant, je n'aurais jamais pu regarder ça, les membres arrachés, le sang séché, les grimaces sur les visages, et tout, mais là, je ne sais pas, je cherchais ma mère, alors je ne voyais pas l'horreur. On s'approchait tous les deux, on se serrait l'un contre l'autre, mais pas de Man, alors on allait un peu plus loin, empiler des cailloux avec Joseph, jusqu'au corps suivant.

5

C'était le dernier jour de ma vie d'avant. C'était hier. J'ai voulu retourner encore au mastodonte. M. Neptune, il m'a regardée tristement, tu sais, les sauveteurs ont retrouvé seulement trois personnes, aucune hier, tu as bien vu, il y a peu de chance, il vaut mieux s'occuper de l'avenir, maintenant, et il me montrait dans le désordre de la cour les tas de gravats à débarrasser. Tant pis, j'y vais toute seule, et je suis partie, j'étais en forme, j'avais moins mal à la jambe, même si la blessure tirait un peu la peau. Joseph, qui jouait au Monopoly avec Mathilde, quand il m'a vue partir, il a détalé et il m'a suivie. Il est collant, avant, je ne supportais pas, mais maintenant, j'aime bien ça qu'on me colle.

Nous sommes arrivés plus vite que les autres jours, les rues étaient de moins en moins encombrées, ça m'a fait mal au cœur, j'aurais préféré que cela soit la pagaille plus longtemps, là, c'était comme si quelque chose de fini était en train de se passer, le temps. Celui qui ne revient plus en arrière, quelque chose comme ça.

Je n'ai pas reconnu le mastodonte. Il était deux fois moins gros, deux fois moins haut, il n'avait plus cette mâchoire immonde qui ouvrait le passage sur quelque chose de possible à l'intérieur, comme absorbé par le bitume déchiré, il gisait par terre, inutile. Démembré. Parfois, creusant encore dans ses tripes métalliques, les pelleteuses finissaient de le faire tomber, dans un jet de poussière noire, un gros tas de ferraille, il était devenu, et c'était tout. Le combat entre nous deux devenait inégal, inutile, il n'avait plus de raison d'être, le monstre mort et disparu n'avait plus d'âme à nourrir, et moi, de moins en moins d'espoir.

J'ai regardé tout autour de nous, même les sauveteurs avaient disparu, seuls les conducteurs d'engins à casque jaune s'animaient encore, ils actionnaient leurs manettes, faisaient glisser les chenilles d'avant en arrière, et Joseph regardait la scène comme un jeu de Playmobil géant.

Nous nous sommes approchés, je cherchais la petite robe bleue, c'était le seul repère qu'il y avait encore dans ma tête, parfois, un morceau de drap émergeait des cailloux, aussi des cadavres, encore, toujours des cadavres, nus le plus souvent, est-ce la mort qui les a déshabillés ?

Nous sommes restés là tous les deux très longtemps, Joseph qui regardait les camions, et moi qui cherchais encore du bleu. Au bout d'un moment, Joseph est parti, le soir venait, j'ai baissé la tête, et je n'ai plus regardé, je suis restée là, c'est tout, à écouter le martèlement des bennes sur les camions. Quand la nuit est arrivée, j'ai relevé la tête, le monstre avait disparu. Plus rien. Il n'y avait plus rien devant moi. Que les croix du cimetière, derrière, des croix imprimées à contre-nuit dans le ciel bleu marine. Alors là, j'ai senti quelque chose d'horrible à l'intérieur de moi, un déchirement atroce, ma jambe à côté ce n'était rien, là, c'était à l'intérieur de moi, j'ai eu envie de vomir, envie de pleurer, mais rien ne sortait de moi. Je me suis levée pour aller marcher là où, là où… gisait le monstre il y a encore une heure. J'ai marché, marché, perdue dans cet immense espace vide. Une goutte est tombée sur mon pansement. Et puis une autre. Et j'avais terriblement mal au ventre à l'intérieur, encore ce déchirement. Du liquide coulait un peu sur mes cuisses, je me suis essuyée avec mes doigts, j'ai étalé le liquide sur mes paumes, et je l'ai senti, léché, il avait le goût du fer, le liquide, on aurait dit du sang, mais dans la nuit, je n'étais pas sûre. Je me suis souvenue. Man, des fois, elle mettait du coton dans sa culotte, parce qu'elle saignait, un jour, je lui ai demandé pourquoi, elle a souri et m'a dit que ça venait tous les mois chez les femmes, tu verras quand tu ne seras plus une *tifi*… Je voulais encore lui demander mais *pourquoi du sang*, mais maintenant c'est trop tard, elle est morte probablement.

6

Dans la cour de l'école, tout était calme, M. Neptune avait allumé un feu, il faisait chauffer de l'eau dessus, j'ai eu honte du sang qui coulait encore entre mes jambes, demain, on verrait les taches sur ma robe jaune. J'ai fait un signe à M. Neptune, j'ai pris sur le dessus du pack un savon américain, et des compresses, et je me suis précipitée à l'arrière de l'école, là, par la grande fissure, les canalisations sont coupées et sortent du mur, un mince filet d'eau brune coule en permanence. Normalement, on n'a pas le droit de se laver ici, mais bon. Le savon, il sentait l'amande, je me suis lavé les mains, j'ai défait mon pansement, je n'avais plus du tout mal à la jambe, je sentais juste le tiraillement de la croûte qui commençait à se former et zébrait ma jambe du genou à la cheville. Et puis, j'ai enlevé mes *ti-choux*, c'est Man qui me les avait faits le jour avant le séisme, tous les élastiques de toutes les couleurs, elle disait toujours *ti-choux pou tifi*, mais je ne suis plus une *tifi*, je le sens bien dans mon ventre qui se serre de partout, je ne veux plus de *ti-choux*.

J'ai enlevé ma robe et je me suis douchée sous le filet d'eau, ça sentait si bon l'amande, l'eau avait du mal à mouiller mes cheveux trop épais, ils me faisaient une couronne noire autour de la tête, maintenant, qui va me faire des tresses ?

Et puis j'ai savonné un peu ma robe, j'ai mis une compresse dans ma culotte, et je suis allée à côté du feu avec M. Neptune. D'abord, il a regardé mes cheveux.

– Tu es belle comme ça. Et ta jambe ?

– Merci ! Tu sais faire les tresses ?

Mais il s'est tu, il n'a rien dit, pourtant il a bien compris que j'étais allée derrière, il a juste froncé les sourcils et regardé le feu, et puis il s'est levé, je t'emmène dans la tente, il faut que tu dormes, et il m'a soulevée de terre comme l'autre jour, mais je me suis débattue.

– Je n'suis plus une *tifi*, je veux descendre !

Et je secouais les jambes pour lui donner des coups de pied, à M. Neptune.

En m'endormant, j'ai repensé à là-haut, dans ses bras, en fait, j'aurais bien voulu rester encore accrochée à son cou comme ça, me balancer comme en haut du manguier. Je suis bête, maintenant, peut-être qu'il ne me portera plus jamais. Et puis finalement à dix ans, on est encore une *tifi*.

7

Je me réveille dans la nuit, j'ai fait un cauchemar, Man dansait sur le tas de ferraille avec sa robe bleue, la ferraille s'assemblait en monstre, les clous se plantaient eux-mêmes dans le béton, à l'envers, leurs pointes rangées les unes derrière les autres comme des dents acérées. Le monstre se relevait d'un coup de queue et happait l'air en direction de Man. J'ai le cœur qui bat à cent à l'heure, je me pince pour me réveiller complètement, j'ai peur, et je pense que je ne saurai jamais si Man est morte. Finalement, je préférerais savoir, je regrette que le bout de tissu là-haut n'ait été qu'un simple drap. Et si j'avais mal vu ? Et si c'était la blouse de travail de ma mère ? Mon ventre se serre et expulse dans ma culotte un petit jet de sang, ça coule doucement sur la compresse, il faut que je me change. Je me lève sans un bruit, dehors, il y a encore la rumeur des gens qui parlent à voix basse, un peu partout autour de l'école, j'aime bien cette rumeur, des prières murmurées à la lueur des feux. Si j'avais vu le corps de ma mère, je serais mieux dans ma peau, j'en suis sûre. Mais je ne saurai jamais. Jamais.

Faut-il continuer d'espérer, ou ne plus croire ? Passer sa vie à attendre ? Ou vivre ?

Je sors sous la lune, immense, froide et lumineuse, elle guide encore une fois mes pas sur les routes encombrées, je longe les feux qui crépitent, *tifi, kote ou prale*, je vais au cimetière, *vin manje avè nou*, j'ai pas faim, et puis je crois bien que j'hallucine, personne ne m'interpelle, il n'y a plus de flammes dans les feux, juste de la fumée qui sort en chuintant doucement, de la fumée grise qui rejoint le ciel noir et s'y mélange. Juste des ronflements qui sortent de sous les tentures en chemise de nuit. Il n'y a plus que la lune et moi maintenant. J'arrive sur la place de l'hôpital, encore plus grande que tout à l'heure, je la traverse en courant, sur la route qui mène au cimetière, derrière, je cours encore, comme si un chien enragé me suivait et voulait me mordre, j'ai peur, j'escalade la grille du cimetière et me retrouve parmi les morts. Ils n'ont pas été trop dérangés par le tremblement de terre, les croix sont bien rangées. Seule l'une d'entre elles, au fond, penche un peu sur le côté.

Je m'engage dans l'allée centrale, et puis tourne à droite, à gauche, en direction de la croix penchée. Je m'accroupis près d'elle, elle est en bois, et la planche du caveau est légèrement soulevée, c'est drôle, je n'ai plus peur du tout, moins peur qu'en traversant la place tout à l'heure. Je me dis que les morts sont moins dangereux que les vivants. Devant la croix, je balaye les graviers avec mes mains et creuse un peu, le sol est dur, je m'esquinte les ongles. Je fouille dans les poches de ma robe et prends les élastiques que Man m'avait donnés pour me coiffer, c'est tout ce qui me reste d'elle, je les étale au fond du trou, en rond, puis tasse la terre par-dessus. Je vais redresser la croix penchée, avec un caillou pointu, j'inscris le nom de Man, *Éva*, voilà.

Deuxième partie

1

Cela fait longtemps que j'ai envie de te connaître, de te parler, de te raconter la France et de t'écouter parler du soleil sur ton île. Je t'imagine, je te vois souvent, pas très grande, la peau marron comme le chocolat, avec des yeux noirs, et des couettes partout sur la tête. Ce n'est peut-être qu'une idée que je me fais. Un cliché !

Un an, cela fait un an que je pense ainsi à toi, très souvent, un an que je sais qu'un jour, tu seras ma filleule pour de vrai. Je ne sais pas pourquoi j'ai tant attendu, et puis il fallut cette catastrophe pour que je me décide enfin. Tout le monde en parle ici, en France, et aussi dans le monde. Je ne peux pas faire les choses en grand, je n'ai pas beaucoup d'argent, et j'ai peur de l'avion, mais de toute façon, ils disent à la télé que tout le monde se marche dessus à Port-au-Prince, les secours ne sont pas organisés du tout, mais de petites choses, oui, écrire une lettre pour toi, c'est un plaisir.

Je ne sais pas comment tu seras vraiment, peut-être un garçon, ça ne me dérangerait pas, tout de suite, j'ai pensé que tu serais une fille, mais je peux me tromper.

Je te laisse là pour aujourd'hui, il est tombé beaucoup de neige dans la nuit, je vais prendre ma pelle et déblayer devant ma porte !

Je t'embrasse,

Lucie

2

C'est bizarre d'écrire à quelqu'un qu'on ne connaît pas. Pourtant, que tu sois une fille ou un garçon, que tu aies trois ans, ou six ou douze, cela ne change rien pour moi, j'ai l'impression de déjà te connaître.

J'ai appelé l'association aujourd'hui, à Lyon, j'ai eu de la chance car c'était toujours occupé, enfin, j'ai réussi à parler à quelqu'un, madame Beaufils, elle m'a expliqué qu'il faudrait compter au moins un mois avant d'examiner les demandes de parrainage. En attendant, des équipes sur place vont réparer ton école s'ils le peuvent.

Si tu es toute petite, j'espère que ton maître aura du temps pour te lire mes lettres car j'ai beaucoup de choses à te dire !

Mais peut-être sais-tu lire toute seule ? J'espère que tu aimes bien !

J'habite dans un village à la campagne à côté de Lyon, et ce matin il y a toujours beaucoup de neige, sur les toits, dans les prés, sur les barrières et les fils de fer barbelés, même sur les branches des arbres, on n'a pas trop l'habitude, au début les gens étaient contents, ils trouvaient ça joli, mais là, ils commencent à râler, certaines écoles sont fermées car les bus ne peuvent plus circuler, il n'y a plus de sel à mettre sur les routes !

Je me demande si tu as déjà vu la neige, je t'enverrai une photo d'un flocon…

Je t'embrasse,

Lucie

3

Aujourd'hui, je ne suis pas allée travailler, impossible de sortir ma voiture de la cour, il est encore tombé de la neige !

Cela fait trois fois en un mois, à la télé, ils se demandent ce qui se passe, ça me fait sourire, ils ont oublié que c'était l'hiver !

Dans les rues du village, les enfants crient, ils se promènent en luge et font des batailles de boules de neige, ils semblent heureux de ne pas aller à l'école.

J'ai hâte de savoir qui tu es, j'aimerais écrire ton prénom, bientôt j'espère.

Je t'envoie une photo de moi.

Lucie

4

Chère Starling !

Enfin je peux t'appeler par ton prénom ! C'est plus facile comme ça ! Starling, c'est un joli prénom ! J'ai trouvé dans un dictionnaire qu'il voulait dire « étourneau » ! Madame Beaufils m'a envoyé ton dossier, il y a ton acte de naissance, tu as dix ans, c'est drôle, c'est ce que j'imaginais.

Je t'envoie une carte de ton prénom, je ne sais pas si ce portrait te ressemble, courageuse, fière, ce sont de belles qualités...

J'ai aussi parlé à sœur Louise, de l'association, elle va bientôt partir en Haïti, je lui apporterai toutes mes lettres, et elle te les donnera quand elle arrivera.

À bientôt,

Lucie

5

Limonade. C'est là que Joseph est parti ce matin. C'est à trois cents kilomètres de Port-au-Prince, des vraies routes en goudron. Ils ont emmené tous les petits, je ne sais pas pourquoi on ne part pas avec eux, quand j'ai regardé M. Neptune, il ne m'a rien dit, juste que je partirais dans l'après-midi avec Mathilde, et puis d'autres que je ne connais pas. J'étais un peu triste de le voir partir, Joseph, je l'aimais bien, et puis il me débarrassait de Mathilde quand il jouait au Monopoly avec elle.

M. Neptune, il m'a dit, tu sais j'ai beaucoup à faire ici, je ne pars pas avec vous, alors là, je lui ai sauté au cou, je ne sais pas, et il m'a serrée dans ses bras comme avant le sang.

Abricots. C'est là que le 4 x 4 de sœur Louise nous emmène. Sur la piste cahotante, je pense à Man, Joseph et M. Neptune, ils vont me manquer, eux aussi, *oh Jésus mon tifyansé*, est-ce cela vivre ? Toujours quitter ceux que l'on aime ?

Sœur Louise, elle est sévère et gentille à la fois, elle s'occupe toujours de plein de choses en même temps, à moi, elle ne parle jamais, ou alors, fais ceci, fais cela, va chercher de l'eau, vide l'essence dans le réservoir, depuis que je n'ai plus mal à la jambe, on ne me laisse pas tranquille une seconde.

Dans le 4x4, il y a le bruit du moteur, et de la poussière partout, sœur Louise, elle conduit vite, agrippée au volant, elle rit quand elle passe sur une bosse, accrochez-vous, elle hurle, un dos-d'âne ! Et elle éclate de rire. Il n'y a qu'elle d'ailleurs qui rit comme ça. Et on se regarde avec Mathilde. On lève les yeux au ciel. La route va être longue, au moins quatre cents kilomètres vers l'ouest, complètement à l'opposé de Limonade et il paraît que les pistes sont coupées en montagnes. M. Neptune, il a parlé au maire des Abricots toute la matinée, tu es sûr, Jean-Claude ?, il disait tout le temps, le portable collé à l'oreille, et il fronçait les sourcils. Enfin, il a dit à sœur Louise qu'il valait mieux partir plus tard, mais elle, non ! on y va quand même, on passera bonbon ! Et elle a éclaté de rire, j'ai bien écouté et j'ai compris pourquoi elle riait, Bonbon c'est aussi une ville pas très loin des Abricots.

Dans le 4x4, on est cinq enfants, Mathilde et une autre fille dorment, et puis moi et deux garçons, on regarde le paysage. C'est un peu toujours pareil, des champs de coton en fleur et puis derrière, la mer. Avec Man, une fois, on s'était promenées dans un champ de coton, c'était plus joli, ça faisait comme de la neige, enfin, je n'ai jamais vu de la neige mais j'imagine.

Petit Goave, tout le monde descend, hurle sœur Louise, derrière, on se réveille en grognant, mais on n'est pas arrivés ! Dépêchez-vous, on embarque dans cinq minutes.

Dans le rafiot qui nous emmène aux Abricots par la côte, un bateau de pêche rouge et vert, ça tangue, j'ai envie de vomir, et je vomis, et sœur Louise en rajoute en nous racontant qu'en 1993, un bateau, le *Neptune*, a coulé en allant aux Abricots, il y a eu trois cents morts…

La mer est démontée, j'ai peur, sœur Louise est verte comme la cabine du bateau, et nous cinq pas bien vaillants non plus. La nuit tombe. On a froid.

Les routes sont coupées partout, elle nous explique en vomissant par-dessus bord à son tour, Jean-Claude nous a trouvé ce bateau, Jean-Claude, c'est le maire du village, c'est inespéré, vous verrez, encore un peu de patience, Abricots, c'est le paradis sur Terre et Les Alizés, son jardin ! Les Alizés, c'est…

Mais je n'entends pas le dernier mot, il est mangé par une rafale de vent, et c'est tant mieux car ce mot-là, je ne veux pas l'entendre, je ne le dirai jamais.

Les vagues s'écrasent sur la coque, le vent de terre nous pousse vers le large et vers une masse sombre, un rocher, on le frôle, un raclement résonne depuis le fond du ventre du bateau, et moi je dis que le paradis et l'enfer habitent côte à côte en Haïti.

Au loin, derrière la mousse qui nous entoure, une autre masse sombre, immense, on dirait le dos du mastodonte, une baleine ? C'est Mare Citron, hurle sœur Louise en me regardant.

Et puis plus rien.

Je ne sais pas combien de temps on a vogué ainsi, enfin, vogué, c'est peut-être pas le mot, la mer était folle, je n'ai jamais vu ça, le tremblement de terre à côté, il était moins pire pour la peur, ses minutes étaient longues pourtant, mais moins longues que celles de la mer cette nuit.

6

Je suis réveillée, je n'ouvre pas les yeux, j'écoute ma respiration, tranquille, le silence. Là où je suis, je n'en sais rien, mais ça m'est bien égal, je suis contente d'être vivante, je me rappelle un peu cette nuit, un balancement, et puis des secousses, ou bien est-ce un rêve ? Je crois que j'ai encore fait mon cauchemar aussi : Man, la danse, la robe, et le monstre qui s'assemble. Je suis peut-être encore dans la tente, dans la cour de l'école, avec M. Neptune dehors qui fait du ciment dans la toupie. Je suis peut-être à Cité-Soleil sur ma paillasse, avec les murs qui tombent, peut-être avec Man qui chante *fè dodo, bébé*, en préparant pour demain un blanc-manger, et dans la case, ça sent la vanille et la noix de coco.

Je crois bien que ça sent la vanille et la noix de coco pour de vrai, et puis il y a du bruit dehors, des enfants qui crient, et un moteur qui démarre, alors j'ouvre les yeux. Je suis dans un dortoir avec des paillasses par terre, quelques vêtements dessus, quelques livres, une grande table au fond avec des chaises autour, et au-dessus, la photo d'un prêtre, à moins que ce ne soit le pape, il est habillé en blanc avec une grosse croix autour du cou.

Là où je suis, en fait je le sais bien, aux Alizés, c'est très joli.

Je sors, sœur Louise déballe des cartons de riz. Je vais l'aider, et puis on va de l'autre côté de la cour, dans une grande cuisine. Dans des immenses fait-tout, de l'eau chauffe doucement. Et du lait de coco à la vanille.

7

Sœur Louise m'a dit que j'avais du courrier, une dame de France, *une marraine.* Je m'en fiche, je ne veux pas de marraine, tous ces gens, il paraît, qui veulent nous écrire, nous adopter, nous envoyer des colis de bonbons. Cette pitié du monde entier qui arrive par avion, par bateau, par camions entiers, ou par lettres, ça m'énerve, j'ai pas besoin de la pitié des gens, et encore moins d'une marraine.

8

J'aime bien aller à l'école avec les autres, Mathilde, Malik, c'est un des garçons de Port-au-Prince, et puis d'autres encore. Ce qui me plaît le plus, c'est la géologie. J'ai encore appris des choses que M. Neptune ne m'avait pas expliquées, sur les volcans, les roches. La maîtresse s'appelle Évelyne, elle est blonde, jeune, elle vient d'arriver de la Guadeloupe.

Malik, il a douze ans, il aime bien les roches aussi. Aujourd'hui, il m'a donné un basalte des montagnes du Trou d'Eau. Une roche noire avec des petits yeux verts qui brillent la nuit comme ceux de Man, des cristaux d'olivine. En Haïti, les roches sont souvent blanches, ou rouges. Alors le basalte, c'est très rare. C'est mon porte-bonheur, maintenant, plus rien de triste ne m'arrivera plus jamais.

Aussi, en sortant de l'école, j'aime bien aller dans la serre de Jean-Claude, le maire du village. Sur de longues tablettes en bois, il y a des petits pots en plastique noirs avec des jeunes plantes dedans, des plantules on dit, une petite tige, et une petite feuille de chaque côté. Je les arrose, les déplace un peu vers la lumière, quand elles sont assez grandes, des paysans viennent les chercher pour les planter dans la terre. Il y a des manguiers, des citronniers, des orangers, des bananiers, des palmiers, des figuiers, et d'autres encore, j'aimerais bien savoir les reconnaître. Jean-Claude, il dit qu'il m'expliquera petit à petit. Il dit aussi qu'il faut planter des arbres, que l'agriculture peut nous sauver de la pauvreté.

Aux Abricots, il n'y a pas l'électricité, ni l'eau courante, alors avec sœur Louise, le soir en rentrant on va chercher de l'eau à la source.

Avant de se coucher, on fait des prières ensemble avec le pape au-dessus de nous, on allume les bougies, leur reflet tremble sur les murs du dortoir. C'est joli. J'aime bien Dieu, mais je préfère Jésus, il est moins impressionnant, j'aime bien leur parler intérieurement, sœur Louise, elle connaît des tas de prières par cœur, moi juste le début, *Papa, nou ki nan sièl la, Jésus, mon tifyansé*, ça fait comme une musique, les prières, quand on les dit ensemble, mais aussi quand je m'endors, *Papa nou ki nan sièl la...*

Je vais dire bonsoir à Malik, le dortoir des garçons est dans un autre bâtiment de l'autre côté de la cour. Mathilde vient avec moi, elle me colle, elle est plus jolie que moi, elle a la peau plus claire, et j'ai peur que Malik la préfère.

9

À côté de ma paillasse, il y a une boîte à chaussures avec les lettres de ma marraine à l'intérieur, c'est sœur Louise qui l'a posée là. Je prends la boîte et la pose très loin de moi, près de la paillasse de Mathilde. Je ferme les yeux, *Papa, nou ki nan sièl la*, protège Man, là-haut, et moi, toujours, et sœur Louise, et Malik aussi. Je me mets sur le dos, après la saison des pluies, je ferai la planche dans la mer, Malik m'apprendra, elle est belle la plage, l'eau est de la même couleur que les yeux de Man et que les cristaux d'olivine.

Je n'arrive pas à dormir, *Jésus mon tifyansé*, merci pour cette journée sans catastrophe. Et protège Mathilde aussi.

Je me retourne du côté de la boîte et la rapproche de moi avec mon pied, je l'ouvre dans le noir, mets la main à l'intérieur, et touche, il y en a quatre, des lettres, et une carte aussi, je sors la carte et la regarde dans la nuit, je distingue mon prénom, *Starling*, et autour, des oiseaux qui volent les uns derrière les autres.

Je n'arrive pas à lire. Je m'endors. Me réveille au moment du cauchemar. Me rendors encore.

10

Je sors de la serre avec Malik. Jean-Claude nous a demandé d'aller tous les deux apporter des plantules chez M. Simon. C'est à une heure de marche. Nous portons chacun un carton rempli de petits pots noirs. Le sentier monte, étroit. Malik est devant moi, avec les petits caféiers, je le suis, avec les cacaoyers bien alignés dans le carton. Trois larges feuilles vert clair étalées sous le soleil, brillantes. Je les caresse, c'est lisse. Je pense. Aujourd'hui, Évelyne nous a appris le futur. C'est assez facile à comprendre, *quand je serai grande, je serai géologue.* C'est le futur, c'est ce qui arrivera un jour. Peut-être. Mais si cela n'arrive pas ? Il vaudrait peut-être mieux dire, *si je travaille bien à l'école, je serai géologue.* Et encore, je n'en sais rien. Si je meurs avant dans un tremblement de terre ?... Finalement, avec le futur, on n'est sûr de rien, je le dirai demain à Évelyne.

Je cherche Malik, il va plus vite que moi, il est arrivé en haut, il m'attend, sourit, tu veux que je porte le cacao ?

On arrive au plateau des Cabris, soudain, c'est plus vert, moins sec, on voit là-bas la ferme de M. Simon. Il nous attend, prend les cartons et nous invite à boire un verre d'eau. Nous nous asseyons tous les trois sur une marche de l'escalier de la maison, face aux serres, derrière, des cacaoyers un peu plus grands, encore plus loin, des champs entiers, vous viendrez pour les cabosses ?

Les cabosses, je ne sais pas ce que c'est, alors il va nous en chercher une de l'année dernière dans sa cuisine, c'est comme un gros concombre tout rouge et tout ridé, il l'ouvre, à l'intérieur, il y a plein de graines noires avec lesquelles on fabrique le chocolat.

Il se met à pleuvoir, des trombes d'eau, alors on dit au revoir et avec Malik, on court, vite, très vite, comme pour ne pas se mouiller, dans la descente, mon ami s'envole dans les airs, et moi derrière, je me tiens les seins sinon ça fait trop mal depuis que ça pousse, après on glisse et on tombe plusieurs fois, mais on rit, ce qui nous amuse, c'est de courir et d'être tout mouillés quand même.

11

Le sang est revenu, ça ne fait plus mal mais je fais la tête à tout le monde, je vais demander des compresses à sœur Louise en baissant les yeux, elle ne me questionne pas et me tend un paquet de coton.

Allongée sur la paillasse, je me demande encore pourquoi ce sang.

Pourquoi tous les mois, on a des blessures à l'intérieur, sans se cogner, ni s'en rendre compte ? Des blessures qui ne font pas mal. Pourquoi seulement les femmes ? Pour se nettoyer à l'intérieur ? Faire de la place dans le ventre ? De la place pour un bébé ? J'espère que je n'ai pas un bébé dans le ventre. J'ai peur, j'aimerais bien savoir. Comment attrape-t-on un bébé ? En se frottant très fort à un homme, ça, je l'ai vu à la télé, mais à part ça ? Je me tourne du côté de Mathilde, je lui demande si elle aussi, le sang... Elle me regarde dans la nuit avec des yeux ronds, on dirait un fennec, elle ne comprend rien à ce que je lui raconte. Elle s'endort. Je me mets sur le dos, *Jésus, mon tifyansé, Papa, nou ki nan sièl la*, j'aime bien le bruit de la pluie sur le toit de tôle de l'ajoupa, mais demain, il y aura de la boue partout, il faudra nettoyer la cour. *Papa, nou ki nan sièl la*, j'arrive pas à dormir.

Alors je chante en moi, sur l'air de *fé dodo*, le rythme des gouttes, et les mots de la prière. Je ne dors toujours pas, une batucada toc-toc contre mes côtes, j'ai envie de me lever et de taper sur le toit de tôle avec mes pieds, avec les gouttes. Et dans les flaques avec Malik.

12

STARLING :

Les Starling recherchent l'équilibre et le respect des principes. Elles veulent bâtir, entreprendre, réussir. Elles ont pour cela de l'autorité, un puissant dynamisme. Elles doutent d'elles-mêmes malgré l'assurance qu'elles affichent. Pour éviter d'y penser elles foncent. Elles doivent apprendre la patience, la tolérance, l'écoute. Les Starling aiment la famille. Elles vivent entourées d'enfants.

Leur couleur : le bleu.
Leur pierre : le saphir.
Leur animal : l'étourneau.
Leur arbre : le chêne.

Les adjectifs qui les caractérisent : aventurière, fière, courageuse, patiente, possessive, gaie et généreuse.

13

J'ai lu les lettres de ma marraine. Et la carte de mon prénom aussi. Je ne savais pas que Starling voulait dire « étourneau ». Cet après-midi, sœur Louise nous a expliqué que c'est grâce à des gens comme ça, grâce à l'argent qu'ils donnent, qu'on peut nous envoyer à l'école, nous nourrir. De toute façon, je ne lui répondrai pas, j'ai pas envie. Je ferai semblant, je mettrai une feuille blanche dans l'enveloppe que je fermerai, après, avec Évelyne, on mettra l'adresse de ma marraine dessus, et quand elle l'ouvrira, dedans, il n'y aura rien, qu'une feuille blanche, toute blanche comme sa neige et sa peau. Je n'ai rien à lui dire à cette dame de France. Nous vivons dans deux mondes différents, elle me parle de la neige, je ne peux même pas imaginer ce que c'est, à part que c'est blanc, et moi, si je lui parle des chemins rougis par la bauxite, de la mer reflétant les yeux de Man et des cabosses du plateau des Cabris, elle ne comprendra rien.

14

Il a plu toute la nuit, on entend sœur Louise dans les couloirs, excitée comme un pou. Impossible de rester au lit, elle court dans le hall et tambourine à toutes les portes, il faut nettoyer, elle hurle. Mais nettoyer quoi ?

La cour ressemble à un étang de France, je l'ai vu sur un livre, de l'eau marron la recouvre complètement, des nuées de moustiques se promènent au-dessus comme des hélicoptères à la recherche de noyés. On a de l'eau jusqu'aux chevilles. Sœur Louise creuse dans le sol avec une grosse pelle, chacun la suit avec son balai, on pousse l'eau dans la tranchée, derrière le portail. Dans les rues, c'est la même chose, en pire. Les eaux de ruissellement ont, cette nuit, dévalé la colline et entraîné avec elles des pierres, de la boue, des cailloux, depuis les plateaux.

Il pleut encore, si ça continue comme ça, on ira à l'école en bateau et la nuit, on dormira debout.

15

Jean-Claude nous rejoint à l'école. Il vient nous parler d'un tas de choses, il a trois bonnes nouvelles. Monsieur Neptune, il commence, nous propose de participer au projet de l'école de Ville Bonheur où il travaille maintenant, reboiser les pentes du volcan de La Vigie, il faudra récupérer des petits pots, ou des sacs de pain, de la terre, des pépins et des noyaux de tout ce qu'on veut, et Jean-Claude, il s'est engagé à fournir deux cents plantules à M. Neptune dans deux mois. Il viendra les chercher lui-même, je suis contente de le revoir, mais aussi, j'aimerais bien qu'on aille là-bas, sur les pentes du volcan, pour repiquer les plantules avec les autres.

Jean-Claude continue, voilà la deuxième bonne nouvelle, le conseil municipal a voté l'arrêt de la déforestation sur la commune des Abricots. Après, il nous explique que grâce aux arbres, les sols seront plus stables, il y aura moins d'inondations, de coulées de boue, de maladies, et aussi plus d'oxygène dans l'air.

Et la dernière bonne nouvelle, c'est que la ligne postale est rétablie, une fois par semaine, un avion arrivera à Jérémie avec le courrier, il faudra des volontaires chaque semaine pour aller le chercher là-bas.

Moi, je ne vois pas pourquoi c'est une bonne nouvelle, la seule lettre que j'aimerais recevoir, c'est une lettre de Man, et ça, c'est pas possible.

Troisième partie

1

Chère Starling,

Cela fait longtemps que je ne t'ai pas écrit, j'ai beaucoup de travail à Lyon, à l'école où je travaille et le soir, je suis fatiguée, je regarde la télé.

Au collège, je m'occupe d'enfants handicapés, je leur porte leur cartable, pousse leur fauteuil roulant, je les aide à prendre leurs cours, à faire leurs devoirs. Un nouvel élève est arrivé la semaine dernière : il s'appelle Gaétan, il a douze ans, il est dyspraxique. C'est un mot compliqué qui veut dire qu'il a du mal à faire des gestes simples, comme écrire par exemple. Par contre, il tape plus vite que moi à l'ordinateur ! Il me fait beaucoup rire, il raconte souvent des histoires drôles.

Je t'envoie une carte postale de Lyon : tu vois la grande tour en forme de crayon ? Mon école est juste à côté.

À bientôt,

Lucie

2

Assise par terre, un pupitre entre les jambes, je dessine. Un soleil jaune, la mer bleue, j'aurais aimé du vert mais il n'y en a pas, des maisons marron la tête en bas, et des gens bleus dans les arbres. Normalement, le dessin est pour ma marraine, je fais semblant de m'appliquer, je tire la langue dans le coin et regarde Évelyne qui va d'un pupitre à l'autre pour nous aider à écrire. Quand elle arrive près de moi, je lui explique que les maisons la tête en bas c'est pour montrer le tremblement de terre, je prends un air abattu, elle me sourit tristement.

Mon dessin est fini, il est bizarre, il faudrait plus de couleur. Je vais chercher du rouge et de l'orange dans la boîte de feutres, fais un sourire à Malik et retourne m'asseoir. Je fais une frise de mangues et d'ananas autour de la feuille. Voilà, c'est fini.

Maintenant, il faut que j'écrive une lettre.

Chère Lucie, mèsi pour tes lettres, je vais bien. Starling.

– En français, *mèsi* se dit « merci » !

Évelyne était derrière mon dos, je ne l'avais pas vue. Je fais un gros pâté noir sur l'accent, et coince un tout petit r entre le pâté et le s. Laisse le s. Exprès.

– Ce n'est pas un peu court ? elle ajoute.

Je soupire, et écris en dessous : *Abricots, c'est le paradis.*

Évelyne est toujours là, à côté de moi, elle m'énerve. Je rajoute encore : *Et Les Alizés son jardin.*

Enfin Évelyne passe devant moi et va aider Mathilde à écrire sa lettre. Dès qu'elle a le dos tourné, je glisse une feuille blanche dans l'enveloppe, et mon dessin et ma lettre dans ma poche. Je les jetterai ce soir dans les latrines.

3

Chère Starling,

J'espère que tu vas bien, et que tu t'habitues à ta nouvelle vie aux Abricots. Si je n'avais pas peur de l'avion, je m'envolerais pour Haïti !

Aujourd'hui, en allant au collège, j'ai vu la première hirondelle de l'année, je guette toujours leur arrivée à cette époque, je les adore, je ne sais pas si elles vont l'hiver jusqu'en Haïti, elles sont toutes petites, noires, et blanches sur le ventre, elles ont la queue comme les pics d'une fourchette, et leur vol est fou et gai, elles changent tout le temps de direction, elles cherchent des moucherons qu'elles gobent sur leur passage. Elles nichent dans les vieilles maisons abandonnées au bord de la route, et parfois, se reposent sur les fils électriques.

L'année dernière, je me promenais au bord d'une rivière, sur un trottoir, l'une d'elles était là devant moi : elle était encore plus petite dans ma main que dans le ciel, elle était couchée sur le côté, avait une aile tordue. Je l'ai remise sur ses pattes, elle s'est envolée tant bien que mal, puis est retombée un peu plus loin sur les berges de la rivière.

Si je l'ai sauvée d'une voiture, sans doute pas des griffes d'un chat, après, j'ai regretté de ne l'avoir pas ramenée à la maison pour la soigner.

J'ai vu Gaétan toute la journée. Je lui ai parlé de toi. Il a voulu aller sur Internet voir ton pays. Sur Google Earth, on voit bien Port-au-Prince, et la côte des Abricots. Il a trouvé que c'était très joli. Il voulait savoir s'il y avait des requins dans l'océan. Je lui ai dit que je te demanderais.

Je t'embrasse,

Lucie

4

Je prends un crayon à papier, une gomme, et je trace le contour de mon paille-en-queue, la tête, d'abord, bien ronde, l'œil grand ouvert, une ombre en dessous et dans le coin, comme s'il était maquillé ; le bec, très pointu, et je reprends le contour de son corps, le cou, le dos, un peu penché vers le bas car il s'envole, et tourne, et ses deux grandes ailes déployées de chaque côté, sa longue queue, jusqu'au bout de la feuille, comme une trace laissée dans le ciel par les plus grandes plumes, les réacteurs d'un avion, une épée, je la ferai en rouge, la queue. Je ne sais pas si ça existe, mais moi ça me plaît comme ça. Je gomme le bout des ailes, et je les fais plus grandes, il est fort, mon paille-en-queue, il est grand, je décide que c'est le plus grand oiseau des tropiques, quand on en voit un, on fait un vœu, et s'il fait un cercle dans le ciel à ce moment-là, alors le vœu se réalise.

Je prends un feutre noir et un rouge. Je repasse les contours en noir, et l'œil, et les ombres, comme ça, on dirait vraiment qu'il s'est maquillé, et puis le bec, et les dernières rémiges, il s'est lustré les ailes pour son envol. Enfin, je prends le rouge. Je commence à faire des traits. Zut il est tout sec, le rouge. Je suis désespérée, j'étais bien dans mon dessin. Je me lève pour demander le sien à Malik. Ouf, il en a un. Je reprends, je m'applique, je fais des petits traits collés-serrés plutôt que de colorier, comme ça, on croit vraiment voir les plumes. Voilà, c'est fini. Non, je fais un autre trait noir sous l'œil, zut on dirait une larme.

Il est quand même beau mon dessin, je ne le jetterai pas dans les latrines mais je le garderai pour moi, sous mon oreiller, comme ça, je pourrai le voir le soir avant de m'endormir.

5

Chère Lucie,

Merci pour ta lettre et la photo de l'hirondelle. Moi je t'ai dessiné un paille-en-queue, c'est un oiseau marin qui niche dans les falaises. Il est vraiment très beau, et bien plus grand que les hirondelles avec ses brins qui écrivent dans le ciel quand il vole. La femelle pond un œuf par an, qu'elle couve avec le mâle. C'est rare de les voir, mais moi, j'en ai déjà vu un qui tournait. Cela porte bonheur.

Je sais pas s'il y a des requins en Haïti. Gaétan, il a qu'à regarder sur Internet.

Starling

Évelyne est contente, elle sourit dans mon dos, tu vois que tu as plein de choses à dire !

Si elle savait.

6

Je regarde ma robe couleur abricot. Tiens, c'est drôle ! Le revers un peu plus clair comme du saumon. Elle est très jolie, ma robe. C'est Man qui me l'avait cousue. Mes jambes qui dépassent, mes pieds nus, mes orteils, ma peau noire. Je regarde la photo de ma marraine. Elle a la peau toute rose, elle, et des cheveux jaunes, très très clairs, comme de la paille. Je mouille mes doigts et frotte sur mes talons, je gomme, comme si le noir allait s'effacer, comme si ma peau allait prendre la couleur de la plante, en dessous. Je regarde la paume de mes mains, c'est bizarre, pourquoi on n'a pas aussi la peau noire sous les pieds et sous les mains ?

7

Chère Starling,

J'espère que tout va bien aux Abricots.

Hier, j'ai aidé Gaétan à faire un exposé sur les requins. On a trouvé plein de choses sur Internet.

Évelyne m'a envoyé une photo de toi, Gaétan l'a regardée, et il a dit, j'aimerais bien avoir une sœur comme ça ! Peut-être qu'un jour j'irai la voir si je vais étudier les requins en Haïti…

Je t'envoie dans ma lettre une fleur d'églantier, il y en a partout au bord des routes en ce moment, je les aime bien, elles sont simples et sauvages, leurs rameaux vont où bon leur semble, sur le chemin où je me suis promenée samedi, il y avait un pré, avec une barrière en bois, derrière, une jument me regardait passer, elle avait une branche d'églantier autour de la tête, on aurait dit qu'elle allait se marier !

Je t'embrasse,

Lucie

8

Chère Lucie,

J'ai bien reçu la fleur d'églantier, elle est très jolie, à l'école, je l'ai montrée à Malik, à Mathilde, et puis à Évelyne. Après, on l'a rangée dans un livre bien à plat car un pétale était plié en deux.

Malik, c'est mon ami. Avec lui, on court sur les chemins au plateau des Cabris, on s'amuse dans les flaques, et après la saison des pluies, il m'apprendra à faire la planche dans la mer. Sur la plage des Abricots, il n'y a pas de requins, mais il faut faire attention.

Mathilde, c'est aussi mon amie, elle était dans ma classe à Port-au-Prince, elle aime bien l'école, faire des jeux de société et des coiffures aux filles de la classe, moi, je préfère être dehors, ou dans la serre de Jean-Claude, Jean-Claude, c'est le maire, il est gentil, il vient souvent nous voir à l'école, parfois, il nous demande de l'aider à faire ceci ou cela. Ce que je préfère, c'est mettre mes mains dans le terreau tout noir et tout léger, le mélanger à la terre, arroser les plantules, regarder les feuilles toutes neuves au cœur des plus grandes…

Le soir, quand on rentre à l'… (Je ne veux pas dire le mot), on aide sœur Louise à nettoyer les dortoirs, éplucher les légumes, ou bien on va chercher de l'eau à la source.

Après le dîner, on fait la prière, j'aime bien, surtout l'ombre des bougies sur le mur. Des fois, on lit des livres, on fait des jeux, ou on ne fait rien.

Starling

9

Chère Starling,

J'espère que tu vas bien. Aujourd'hui, avec le prof d'EPS, on a emmené les enfants à la piscine, Gaétan était tout excité, c'était la première fois qu'il y allait car il ne sait pas nager, dans l'eau, il me serrait la main très fort au début, et puis après, il barbotait tout seul et criait : « Je suis un requin ! Je vais te mordre la jambe ! » Alors, il piquait du nez sous l'eau et m'attrapait la jambe avec ses bras avant de ressortir en toussant et en riant.

Je t'envoie une photo de lui qu'il m'a donnée pour toi.

Hier soir, à la télé, il y avait un reportage sur le maire des Abricots, j'ai bien regardé si je te voyais, mais non…

Quel temps fait-il en Haïti ? Peux-tu te baigner ? Aimes-tu l'école ? As-tu des amis ?

Tu dois me trouver très curieuse !

Je pense à toi,

Lucie

10

Chère Starling,

C'est Pâques ! Alors je voudrais te raconter quelque chose : dimanche, je suis allée me promener avec une amie à Taizé. Là-bas, il y a un centre œcuménique, bon, cela veut dire que des personnes de différentes religions peuvent prier ensemble, des catholiques, des protestants… Et aussi des personnes qui doutent, comme moi. La salle de prière est immense, il y a de la moquette par terre, de grands rideaux orange sur les murs, des petits vitraux bien alignés, de belles icônes douces de la Vierge et du Christ, et surtout, des centaines de bougies dans des petites cases en terre cuite, partout autour de l'autel, les carrés parfois en équilibre entre eux forment des losanges, avec la flamme de la bougie au milieu ; on s'assied par terre comme on veut, en tailleur, à genoux, certains sont allongés, on était serrés car il y avait beaucoup de touristes. Quand les frères sont arrivés par le fond de la salle, tous en aube blanche, le silence est entré en même temps qu'eux, les milliers de personnes qui étaient là se sont tues, c'était magique. Les frères se sont installés au milieu de la salle, à genoux ou en tailleur aussi. Les prières étaient très courtes, et dans des langues différentes, polonais, allemand, anglais, et même chinois! Les chants sont magnifiques, très courts aussi, on les répète inlassablement plusieurs fois, « L'ange vint rouler la pierre et s'assit dessus », souvent, les frères de Taizé chantent les voix les plus graves, on se sent protégé, j'étais bien et j'ai pensé à toi, après on a prié en silence pendant dix minutes. Même les bébés et les jeunes enfants étaient silencieux, dans les bras de leurs parents, ils regardaient la salle avec de grands yeux ronds, certains se sont endormis.

Avant l'eucharistie, on chantait Jésus le Christ, *et une dizaine d'enfants sont arrivés du fond de la salle, précédés par frère Aloïs, ils marchaient ensemble dans l'allée du milieu, chacun tenait une bougie dans ses petites mains tout en chantant,* Lumière intérieure, *l'une des petites filles était noire, elle devait avoir dix ans, elle avait une robe claire, des couettes de toutes les couleurs sur la tête et elle souriait,* Ne laisse pas mes ténèbres me parler. *Elle est passée devant moi et m'a regardée, on était plusieurs milliers dans la salle, plusieurs centaines entre elle et moi, et elle m'a regardée, j'en suis sûre, en souriant encore plus, et puis elle est allée donner la main à frère Aloïs, il avançait en souriant avec les enfants à sa suite, et à ce moment, il y avait de la paix partout.*

Je voulais te raconter cela car il me semble que tu crois en Dieu…

À bientôt, Starling,

Lucie

11

Je me réveille en transpirant, j'ai fait un nouveau cauchemar, j'étais avec d'autres enfants, enfermée dans un couloir, on était serrés les uns contre les autres comme des graines dans une gousse de vanille, et puis après, j'étais dans la forêt en haut d'un filao, avec des lianes de vanillier accrochées autour de mes poignets et de mes chevilles, mes cheveux, c'étaient les feuilles du filao, elles me frôlaient le visage et s'enroulaient autour de mes épaules, c'était comme si j'étais prisonnière. *Ti Jésus*, j'ai l'impression d'être dans un piège et de ne pas pouvoir en sortir. Ce qui m'ennuie, c'est cette histoire de lettres, je suis toute seule avec cette histoire, ma marraine qui continue de m'écrire, je n'y comprends rien, et moi qui lui réponds pour de faux, et en plus, je crois que j'aime de plus en plus lui écrire, raconter, j'ai l'impression que je pourrais encore dire plein de choses, et je ne le fais pas car je sais que mes lettres finiront dans les latrines, et mes dessins aussi, j'ai honte, oui, voilà, le piège, c'est la honte, et je ne sais pas comment en sortir. *Ti Jésus, je ne pouvais pas garder ça pour moi toute seule, et j'espère que tu vas m'aider à trouver une solution car là, je ne sais plus quoi faire.*

12

Chère Lucie,

J'espère que Gaétan va bien. Est-ce que vous êtes retournés à la piscine ? Moi je sais nager depuis longtemps. Même là où j'ai pas pieds. C'est Man qui m'avait appris quand j'avais trois ans, en me tenant le menton hors de l'eau.

Aux Abricots, il n'a pas plu aujourd'hui et je crois qu'on va bientôt pouvoir aller à la plage se baigner. Mais je m'inquiète un peu, à cause du sang qui coule tous les mois. Un jour, j'aimerais bien qu'on m'explique ce sang.

Je t'ai déjà parlé de mes amis, c'est Malik et Mathilde, mais comme je jette mes lettres, en fait tu ne sais rien de moi… Celle-là aussi, je la jetterai, et comme je sais que tu ne la recevras pas, j'ai envie de te dire des tas de choses, et ça me fait du bien. Je crois que si je devais t'écrire pour de vrai je n'aurais rien à te dire. Je te demande pardon, et aussi je ne comprends pas pourquoi tu continues à m'écrire quand même. Je pensais que Évelyne s'en apercevrait mais non, alors, je continue à faire semblant, mais j'ai l'impression de ne plus pouvoir revenir en arrière. Je suis vraiment très bête, des fois je me dis que je perds tous ceux que j'aime. D'ailleurs si un jour tu sais la vérité, tu ne voudras plus de moi. Des fois je pense à Man, quand elle me chantait des chansons, j'étais alors une toute petite fille, le sang ne coulait pas encore, elle me faisait des gros câlins le soir quand elle s'allongeait sur la paillasse à côté de moi pour dormir. Elle avait la peau douce, plus claire que la mienne, des yeux verts et elle avait une odeur de fleurs. Elle me manque tous les jours mais au cimetière où je l'ai enterrée j'ai décidé de vivre.

Mon père je ne le connais pas, mais je pense qu'il avait la peau très noire, ma mère m'a dit un jour qu'il était soûl quand il m'a faite, que le matin il est parti et n'est jamais revenu, alors c'est comme s'il était mort, il ne me manque pas, et ma mère m'a aimée pour deux. À l'école, ceux qui ont des parents je ne leur parle pas, comme ça, je ne pense pas trop que moi je n'en ai pas.

J'espère que je travaillerai toujours bien à l'école, même si je préfère courir dans les chemins et grimper aux arbres. J'aimerais bien un jour aller dans une grande école à Port-au-Prince, une école de géologie, avec l'électricité, des ordinateurs, Internet, et tout. En fait, Internet, je ne sais pas trop comment ça marche, une semaine avant le tremblement de terre, M. Neptune nous a ramené un ordinateur d'une école qui n'en voulait plus, il l'a branché, mais l'écran était tout noir, il n'a pas réussi à le mettre en route. Alors ce jour-là, on est allés regarder un film à la télé, Harry Potter à l'école des sorciers, *je me rappelle.*

M. Neptune, c'était mon maître à Port-au-Prince. Il me manque aussi, mais lui, je sais que je pourrai le revoir.

Pourquoi tu n'as pas d'enfants ?

Moi je ne sais pas si j'en aurai. Si je vais partout dans le monde escalader les volcans et poser des sismographes sur leurs pentes, je n'aurai peut-être pas le temps de m'occuper d'eux.

Demain, à l'école, je te dessinerai le volcan de La Vigie, au nord de Port-au-Prince. Je n'y suis jamais allée, mais Malik m'a raconté. Là-bas, d'un côté, il y a une bananeraie, mais de l'autre côté, sur les pentes toutes nues, on va faire pousser des arbres, j'ai déjà gardé quelques noyaux de mangue. Pour l'instant, je les fais sécher à l'ombre dans une cachette à côté de la source où on va le soir chercher de l'eau. C'est un trou dans la roche, à l'abri des averses, mais un peu humide, comme ça, ils sécheront lentement. Après, la coque s'ouvrira facilement, et je prendrai les amandes à l'intérieur, je suis sûre qu'elles vont bien germer.

Pour l'instant, je m'amuse bien, Les Abricots, c'est vraiment tranquille, même trop tranquille, on n'a pas l'eau courante ni l'électricité, mais on mange bien. Sœur Louise nous fait du blanc-manger quand elle a du lait de coco ou de brebis, et alors ça sent la vanille dans la cuisine, j'adore ça.

Bon, je te laisse, je vais plier ma lettre, et la jeter après. Mais je suis contente de l'avoir écrite.

Starling

13

Je suis assise en tailleur à côté de Malik, un pupitre sur les genoux, je dessine, je suis bien, je ne pense à rien, ma main sait tout seule où elle va, depuis la boîte de feutres, elle suit le chemin de pouzzolane qui serpente autour du cône tout nu, puis s'interrompt à mi-hauteur, aucun arbre de ce côté, la surface du sol légèrement ridée par quelques touffes d'herbe verte, et le ciel bleu au-dessus de la montagne, quelques nuages roses qui ressemblent à des lapins et des renards, par terre des bombes en bouse de vache, des lapilli et des traces de pas. Deux fois deux pieds qui se suivent dans la cendre froide, des empreintes comme dans la Bible, les miennes et celles de Dieu qui m'accompagne chaque jour. Malik parfois lève la tête, son visage au-dessus de mon épaule, son souffle dans mon cou, il regarde mon dessin et me raconte encore La Vigie. Le sentier un peu plus rouge en bas, des gros trous, un énorme palmier dans les herbes vert clair, et sur la ligne pointue de l'horizon, en haut, les silhouettes des bananiers, comme des *ti-choux* sur la tête du volcan.

14

Il fait beau, la pluie de tous ces jours a lavé le ciel, c'est comme s'il était neuf. Seuls quelques nuages se promènent les uns derrière les autres, ils viennent de la mer et vont en direction des serres de Jean-Claude. Nous sentons tous l'odeur des algues, on n'écoute plus la leçon sur le passé composé. Évelyne dit, on va se baigner, il ne faut pas nous le dire deux fois. Malik sort le premier et fonce, souvent il se retourne pour voir si je le suis, quand il a le dos tourné, je me tiens les seins qui me font de plus en plus mal, on dirait que sous la poitrine, il y a de la chair qui pousse la peau, des fois je me dis qu'elle va se déchirer, la peau, et que du sang sortira aussi par là. Je m'arrête derrière un rocher, et je regarde dans ma culotte, des petits poils frisés, mais le sang ne coule pas encore, je vais pouvoir faire la planche. Je rattrape Malik, j'éclate de rire quand je le vois sur la plage, il court si vite avec ses longues jambes noires qui dépassent de son caleçon à fleurs, le dessous de ses pieds rose, au-dessus de la frange d'écume, il s'envole, léger comme un oiseau, et retombe en boule dans la mer, en éclaboussant encore plus que les vagues qui s'écrasent sur le sable, splash !

J'ai de l'eau jusqu'à la taille, mes bras croisés et mes mains sur mes seins, j'ai honte, je suis en colère d'avoir à me cacher ainsi de mon meilleur ami, vite, je plonge et rejoins Malik. On n'a pas pied, regarde, il me dit, il pique au fond de l'eau à la verticale sans un bruit, et ressort derrière moi, ensuite il s'allonge sur le dos, il faut mettre les oreilles dans l'eau, et alors l'eau te porte, il crie, tu peux regarder le ciel ! J'essaye de piquer comme lui mais je me sens lourde et bois la tasse, transparente et salée, je tousse, reprends ma respiration, enfin je m'allonge, les oreilles dans l'eau, c'est vrai, je tiens toute seule sans effort, sur le dos je regarde mes doigts de pied, et puis le ciel, les nuages blancs filent vers Dame Marie à la queue leu leu et m'emmènent avec eux. On peut rester comme ça très longtemps, on n'entend rien d'autre qu'un léger clapotis, je ne sais pas si Malik me parle, mais moi, je ne l'entends pas. J'ai un secret à te dire, c'est trop lourd pour moi, tu es mon ami, et si je te le dis, c'est parce que tu ne m'entends pas, je jette toutes mes lettres, les dessins aussi, je n'ai jamais écrit à ma marraine.

Dans l'eau comme les yeux de Man, *Jésus mon tifyansé, pourquoi je parle quand on ne m'entend pas ? Pourquoi j'écris des lettres qui finissent à la poubelle ?*

15

– Je t'ai entendue !

– Qu'est-ce que tu dis ?

– Je t'ai entendue dans l'eau.

– Tu m'as entendue quoi faire ?

– Fais l'innocente !

– Menteur !

– Non, moi je ne mens pas, quand on ment on a des embrouilles.

– Qu'est-ce que je disais, alors ?

– Tu as jeté toutes tes lettres ? Et le dessin qu'on a fait ensemble ? Le volcan de La Vigie ? Tu ne réponds pas ?

– Quoi ?

– Tu fais semblant de ne pas m'entendre !

– Je ne fais semblant de rien du tout, j'ai de l'eau dans les oreilles. Alors ?

– Tu as jeté le dessin du volcan ?

– …

– Alors ? T'es sourde ou quoi ?

– Attends, je prépare ma réponse… Oui, notre dessin je l'ai jeté dans les latrines.

– Alors là ! C'est pas vrai, tu n'as pas pu faire ça, tu n'es plus mon amie, c'est dégoûtant !

Et Malik s'enfuit, quand il détale, les plantes de ses pieds sont tellement furieuses qu'elles me jettent du sable dans les yeux.

– Attends, attends Malik, c'est pas vrai, c'était pour voir, pour voir si tu m'aimais bien, je te demande pardon, le volcan, il décore une cachette, c'est là que je mets mes graines, viens je vais te montrer !

Alors Malik se retourne, il est encore un peu en colère, son regard est très noir, je m'approche de lui et lui prends la main.

– Je vais t'expliquer, j'ai jeté toutes les lettres de ma marraine et quelques dessins, je ne sais pas, je n'en voulais pas de cette marraine, ça me fait trop mal là, savoir que quelqu'un a pitié de moi, et puis, à chaque fois, je pense à ma mère, je ne veux pas la trahir, je ne veux pas la remplacer, personne ne la remplacera jamais. Et toi ? Tu acceptes ça ?

– Je n'ai pas le choix si je ne veux pas d'embrouilles.

– Mais je veux dire, tu ne penses pas à tes parents ?

– Je n'ai jamais vu mon père, et ma mère m'a abandonné quand j'avais trois ans. Je ne m'en souviens pas.

– La chance !

– Si tu veux !

– Ce que je ne comprends pas, c'est que Lucie, ma marraine, elle continue de m'écrire, comme si de rien n'était. Tu crois que j'aurai des embrouilles ?

– Je crois que sœur Louise va te plonger dans le cari ce soir ! Et si tu survis, Évelyne te donnera des coups de liane.

– Allez !

– Je ne sais pas, je trouve que ça ne se fait pas, cette femme, elle donne de l'argent aux Alizés pour t'envoyer à l'école, et toi, tu ne lui as pas écrit un seul petit mot ?

– Si ! Si, maintenant j'écris de longues lettres !

– Que tu jettes !

– Je regrette. Je ne sais pas comment faire maintenant. Je me sens piégée. Tu ferais quoi, toi ?

– Je dirais tout à Évelyne.

– Si elle raconte ça à sœur Louise, elle va me tuer !

– Tu pourrais continuer comme ça ? Il y a aussi la solution intermédiaire, lui envoyer vraiment la prochaine lettre, puisqu'elle te répond de toute façon.

– Tu trouves pas ça bizarre ?

– Elle a peut-être tout compris et elle ne dit rien à l'association. Ou alors si, elle a tout raconté, et c'est Évelyne qui ne te dit rien, pour voir. Je ne sais pas. En tout cas moi j'avouerais tout.

– Toi tu es honnête et courageux, mais moi je ne suis pas comme toi.

– Moi je trouve que c'est toi qui es courageuse. Mentir depuis tout ce temps, moi je n'aurais pas pu.

Nous sommes arrivés à la cachette.

– Ferme les yeux !

– Je prends la main de Malik, la guide dans l'anfractuosité du rocher, puis je lui lâche le poignet.

– Tu peux bouger les doigts !

Quelques secondes plus tard, sa main ressort, le volcan de La Vigie entre le pouce et l'index.

Quatrième partie

1

Chère Lucie,

Voilà, j'ai pris une décision cette nuit : maintenant, je vais t'envoyer toutes mes lettres et mes dessins pour de vrai.

Et je veux te demander pardon, à l'école au moment de la correspondance, je t'écrivais vraiment, mais après, quand Évelyne avait le dos tourné, je mettais des feuilles blanches dans l'enveloppe. Et les vraies lettres, je les jetais le soir dans les latrines.

Je suis désolée. J'étais très malheureuse que Man soit morte, je crois que c'est pour ça que je ne voulais pas t'écrire. Je croyais que tu voulais la remplacer, m'enlever, m'adopter ou je ne sais quoi. Et je ne veux pas trahir Man. Elle apparaît toutes les nuits dans mes rêves et je ne l'oublierai jamais.

Hier on est allés à l'église pour la réconciliation, j'ai expliqué mes mensonges au père Antoine, je me sens si légère maintenant, à la fin, il m'a dit

« Starling, tes péchés sont pardonnés, va en paix au nom du Père, du Fils, et du Saint-Esprit », alors j'ai regardé la croix, là-haut, avec Jésus accroché dessus, et j'ai souri au père, mais je voulais être sûre qu'il ne dirait rien à personne, il a souri aussi et m'a dit qu'il était tenu au secret, un peu comme un médecin. Je suis partie en sautillant, c'est là que je me suis sentie légère !

Mais ce que je ne comprends pas, c'est pourquoi tu as continué à m'écrire malgré tout. Et aussi je me demande si tu as dit à Évelyne que tu ne recevais rien de moi. Et pourquoi Évelyne ne m'a rien dit. J'espère que tu m'expliqueras tous ces mystères car moi je ne veux rien dire à Évelyne, sinon elle va tout raconter à sœur Louise et alors là ! Je n'ose pas leur avouer ce que j'ai fait, pour l'instant c'est un secret entre moi, toi, Jésus et le père Antoine.

Tu as quel âge ?

Pourquoi tu n'as pas d'enfants ?

En tout cas, moi, je ne partirai pas d'ici. Plus tard, je veux étudier la géologie à Port-au-Prince avec Malik. Malik c'est mon meilleur ami.

Je mets dans l'enveloppe un dessin du volcan de La Vigie où on va bientôt planter des arbres avec une autre école.

À bientôt,

Starling

2

Je cours sur la plage avec Mathilde et Malik, on joue au loup, je me sens légère, légère, en fait je ne cours pas après eux, je m'envole toute seule à chaque foulée, je me sens libre, comme il y a longtemps, la dernière fois, c'était quand j'étais dans les bras de M. Neptune, et avant… Avant, je ne me rappelle plus… Juste Man qui danse, en haut du monstre.

J'attends mercredi prochain, le jour du courrier, encore trois jours, j'attends une lettre de Lucie, et c'est mon attente qui me fait voler si haut, au-dessus de Mathilde, au-dessus de Malik, des vagues et des pailles-en-queue. Je suis contente, et je crois que je l'aime bien, cette marraine.

– Touchée !

La main de Malik dans mon dos, me voici redevenue loup, mais je me retourne, j'ai plus envie de jouer, plus envie de mordre, on va à la cachette voir les graines ?

– Viens avec nous, Mathilde !

Je la prends par la main et nous courons

devant, aujourd'hui, j'aime tout le monde et tout le monde m'aime.

Nous arrivons à la cachette, je glisse ma main à l'intérieur du rocher et la ressors avec trois graines, elles sont tellement grosses que je ne peux pas en tenir plus à la fois. Je recommence le même geste, jusqu'à sortir les trente graines que j'ai gardées depuis que nous sommes aux Alizés. Mathilde me regarde avec des yeux ronds et Malik a sorti son Opinel.

– Tu fais attention !

Les sourcils froncés, la graine bien à plat dans la paume de sa main gauche, il glisse le couteau dans la fente de la graine en soulevant un peu la lame vers le ciel.

– J'ai dit tu fais attention, les noyaux sont peut-être trop durs…

– *W pa bezwen vin fou !* Je l'ai déjà fait.

On entend le bruit du couteau qui racle contre le bois et tout d'un coup l'enveloppe s'entrouvre et s'ouvre en grand. À l'intérieur, l'amande est brillante, lisse, blanche, et sa petite racine pointe déjà à l'extérieur. C'est un miracle, d'habitude, elle ne sort que dans la terre humide.

– Bah, on dirait une huître !

– On n'a pas fini s'il faut comme ça ouvrir les trente !

– Il nous faudrait d'autres couteaux, on irait plus vite.

– *Non, pa fè sa*, c'est trop dangereux.

– Malik t'es macho !

– *Mwenn pa konprann* « macho ».

– *Kouyon !* Tu crois que les filles peuvent rien faire !

– Vas-y, Mathilde puisque t'es si maligne !

– Oui je suis maligne, mais pas assez forte. Vas-y, toi, continue !

Tard dans l'après-midi, nous rentrons ; j'ai enroulé vingt amandes dans du tissu mouillé et je les ai alignées dans une boîte en plastique. Neuf graines ont pourri, et Malik, il n'en a esquinté qu'une seule, il a appuyé trop fort avec son couteau, du coup, il a transpercé le cotylédon. Et la paume de sa main, aussi. Mais il est courageux, il a juste dit « Aïe », et puis c'est tout. Je lui ai léché la main et on l'a enroulée dans un bout de tissu. Mathilde a fait un joli nœud. Et puis voilà. Je suis un peu triste pour l'embryon transpercé. Si j'avais été toute seule, je l'aurais enterré, je veux dire, avec une croix, comme un mort ! Et si ça se trouve, un jour, un manguier serait sorti de la terre !

Je le ferai ! Je l'enterrerai ! Et il ressuscitera.

3

Jésus mon tifyansé, comme d'habitude j'arrive pas à m'endormir, je suis pressée d'être à demain. Si je nageais aussi bien que Malik, je partirais tout de suite à Jérémie, je fendrais l'eau noire sans un bruit comme un dauphin, je ferais des bonds dans l'eau, jusqu'à l'anse de Clerc, là je me reposerais un peu sur le sable, et je repartirais, je pense que je pourrais arriver à l'aube quand l'avion atterrira. Mais je ne suis pas Malik, je suis moi et je nage comme un petit chien.

Je pourrais partir avec Jean-Claude demain matin, je crois que c'est lui qui va chercher le courrier avec le 4×4 de sœur Louise. Sauf si la route est coupée. Oh oui, j'aimerais tant ! Demain je lui demande. Non, demain il sera trop tard. Surtout qu'il part très tôt. *Jésus mon ti fyansé, je te demande pardon mais il faut que je fasse une petite bêtise, il faut que j'aille lui parler tout de suite.*

Jésus mon ti fyansé, il a dit oui, merci merci !

Mais maintenant il faut dormir. *Et j'ai peur de faire mon cauchemar.* Comment passer le temps plus vite, encore ? Je me lève et je regarde par la fenêtre du dortoir, grâce à la lumière blanche de la lune, je vois l'ombre du palmier qui se balance dans le vent. Le bâtiment des garçons dans le fond. Le porche fermé. *Man, il ne manque que toi. Me vois-tu ? M'entends-tu ? Tu trouves pas que c'est joli ici cette nuit ? Cette cour, cette ombre qui fait de la balançoire, tout le monde qui dort et moi qui te parle à travers les barreaux de la fenêtre. Tu vois je n'ai plus de* ti-choux *sur la tête. Mes cheveux ont poussé. Et les tresses, c'est Mathilde qui me les fait. J'ai grandi tu ne trouves pas ? Je crois que je suis bientôt une femme. J'espère que je serai belle comme toi.*

Mathilde se retourne sur sa paillasse, et moi je trouve que la nuit est trop longue, mais je m'agrippe aux barreaux, je ne veux pas aller me coucher, j'ai peur de ne plus jamais dormir, je me sens comme en plein jour. *Tiens, la lune est passée où ?* Je me frotte les yeux, je ne reconnais plus le paysage de ma nuit blanche, le palmier désolé penche la tête sur le côté, immobile sous la chaleur, plus de brise de nuit, plus de balançoire, j'ai la bouche pâteuse et des fourmis dans les jambes, Mathilde se réveille, c'est l'heure ? J'en sais rien, mais moi, aujourd'hui, je vais à Jérémie avec Jean-Claude !

À pli ta !

4

– On devrait pouvoir passer tous les cols, sauf la Ravine dérangée. C'est l'endroit le plus délicat, peut-être faudra-t-il m'aider à déblayer, si on n'y arrive pas, on appellera Ti Jean, j'ai son portable.

Ti Jean, c'est un agriculteur qui travaille avec nous pour le reboisement du volcan. Il nous a donné plein de graines de toutes sortes. Il dit qu'il les a gratuitement par une association humanitaire. Il est le seul à avoir un tracteur avec une grosse pelle dans la région.

Jean-Claude roule maintenant sur la piste sans parler, il fronce les sourcils, on dirait qu'il a un problème, ou alors il est concentré. Je me tiens à la portière tellement je suis secouée dans tous les sens, mais ça me fait rire, je me rappelle sœur Louise, le voyage en bateau, la mer déchaînée. J'ai l'impression que c'était il y a mille ans. On arrive quand ?

Jean-Claude sourit, on est seulement à la Ravine dérangée, regarde ! Aucun caillou, on peut passer ! Appelle Ti Jean pour le lui dire !

Mais je m'endors.

Je pèse une tonne, même un tremblement de terre ne me ferait pas ouvrir l'œil, seule Man en serait capable, de toute façon, je dors, j'entends pourtant le ronflement du moteur, le 4×4 qui s'enfonce dans les trous de la piste, ma tête qui tombe d'un côté, oups, je la recale d'un coup contre l'appuie-tête, elle tombe encore, je dors quand même, un arrêt, un coup de fil, la voix grave de Jean-Claude, et puis plus rien.

J'ouvre les yeux, je me souviens vite fait de la nuit, le matin, Jean-Claude, le voyage. Je lève la tête vers le ciel et je vois un drôle d'oiseau : bruyant, deux grandes ailes blanches et un bec pointu et tout noir. Il fait trois tours de piste et se décide à sortir ses pattes. Lentement il s'incline, passe au-dessus de nos têtes, enfin touche le sol à une vitesse folle. Et s'arrête. Je sors du 4×4 et cours vers lui. Une femme sort de l'avion, elle porte un jean et une tunique bleue, elle est belle. Elle me regarde, me sourit, se retourne et descend enfin avec un petit sac de toile. Elle reconnaît Jean-Claude : Voilà pour les Abricots !

Dans la voiture je n'y tiens plus, je défais le nœud autour du sac, c'est dur, aïe, mon ongle, et plonge la main à l'intérieur. Je ressors une poignée de lettres, Mathilde Roger, Éliane Alexis, Jade Estimé, Henri Félicité-Bonheur,

Jean-Claude Magloire, tiens, tu as une lettre, Jean-Claude ! Louise Jonassaint, et sœur Louise aussi ! Mais je passe les noms de plus en plus vite, depuis le temps que je m'appelle Starling Janvier, j'ai eu le temps de le photographier mon nom, je le cherche, je le cherche…

J'ai dû le louper, je recommence, Roger, Alexis, Estimé… pas de Janvier ? Je recommence encore une fois.

– Jean-Claude, ils ont dû l'oublier !

– Tu n'as pas de lettre ?

– Ou elle est tombée du sac. On retourne là-bas ?

– Tu as vu le mal que tu as eu à défaire le nœud ? Non ? Mais si tu veux on retourne là-bas.

Jean-Claude fait demi-tour. À l'aéroport je descends du 4×4 mais je ne cherche même pas par terre. C'est vrai qu'il était drôlement serré le nœud. Je me suis même retourné un ongle en le défaisant. Je reviens à la voiture, désolée Jean-Claude, on rentre !

Mais Jean-Claude, il veut me payer une grenadine au bistrot.

5

Chère Lucie,

J'espère que tu vas bien et Gaétan aussi.

Hier, je suis allée avec Jean-Claude chercher le courrier à Jérémie. C'est assez loin des Abricots, peut-être à deux cents kilomètres, des pistes de montagne, des forêts partout, mais cela s'est bien passé. Sauf que… Enfin non, sauf que rien. J'espère que tu ne m'en veux pas pour ce que je t'ai dit la dernière fois. Vraiment je regrette ce que j'ai fait.

Ici en Haïti, nous attendons un cyclone pour demain. C'est bizarre mais je n'ai pas peur. Quand j'habitais à Cité-Soleil à Port-au-Prince et que la météo en annonçait un, je n'allais pas à l'école, avec Man, on rentrait mes jouets et mon vélo dans la cuisine, on fermait toutes les portes et les fenêtres, Man appliquait des serviettes autour et en dessous, elle coupait le gaz et l'électricité, et puis on allumait des bougies. On écoutait la radio pour suivre le trajet de Jeanne, Ivan, je ne me souviens plus des autres, et on jouait aux petits chevaux, ou aux dames, on discutait, elle me racontait des histoires et je m'endormais en écoutant les trombes d'eau s'abattre sur le toit de tôle, le vent mugir dans les arbres, des objets métalliques emportés dans les rues par la tornade. J'imaginais alors un troupeau de chevaux au galop, hennissant sans fin et traînant des casseroles derrière eux. Ils avaient peur dans leurs yeux, mais moi, dans ma case, j'étais en paix.

C'est le matin que c'était le moins drôle. Ou des fois deux jours plus tard. Quand il fallait tout nettoyer et faire sécher le linge.

Là, je ne sais pas. Man n'est plus là pour me raconter des histoires, mais on a dit avec sœur Louise que nous allions faire une grande soirée avec les garçons. Tous ensemble.

Bon, à bientôt j'espère,

Starling

6

Chère Lucie,

Maintenant, tous les mercredis, je vais à Jérémie avec Jean-Claude. Hier c'était la troisième fois.

Je ne sais pas si je dois te le dire mais je crois que je suis triste de ne pas avoir de tes nouvelles. Des fois quand je n'arrive pas à m'endormir, je panique et je me dis que tu ne m'écriras plus jamais. Ce qui serait normal après ce que j'ai fait.

Ne t'inquiète pas, je ne te trahirai pas auprès d'Évelyne, d'ailleurs, si je le faisais, je me trahirais en même temps. Tu vois, nous sommes liées toutes les deux par notre secret !

Je te raconte tout de même le cyclone : c'était trop fort ! Un vent comme jamais je n'avais entendu, le palmier dans la cour il a rien compris, maintenant, sa tête touche par terre, comme s'il était très, très vieux, bossu, comme s'il allait mourir. Mais il est toujours là. Pas comme certains arbres dans le village, déracinés, couchés sur le côté. Aussi, le toit du dortoir des garçons a été arraché.

Mais on s'en doutait un peu, c'est pour ça qu'on a fait la soirée dans le bâtiment des filles.

Je te raconte la soirée : on a allumé toutes les bougies dans le dortoir, il y en avait au moins cent, cela a pris du temps, c'était si joli, après on a chanté, très fort, pour Jésus, Dieu, et Marie, c'était gai, on tapait dans nos mains, et on entendait à peine la pluie qui tambourinait à la porte, sœur Louise, elle s'est levée pour danser, elle se dandinait dans sa robe longue, on riait, après on a tous dansé avec elle, et puis encore après, Jade a chanté toute seule, sa voix on dirait du cristal, alors tout le monde s'est tu, et elle a chanté en rythme avec la pluie, en claquant des doigts à contretemps avec les gouttes.

On a chanté jusqu'à minuit, après on a fait une prière silencieuse, enfin, avec juste le vent et la pluie en bruit de fond, et puis on a installé les paillasses des garçons d'un côté et les nôtres de l'autre côté, sœur Louise est restée aussi dormir avec nous, « Pour vous surveiller ! », mais cela ne nous a pas empêchés de rire toute la nuit.

À bientôt j'espère,

Starling

7

– Je ne sais pas ce que je dois faire. Je suis si triste. Je voudrais revenir en arrière et répondre à sa première lettre, pour de vrai. Alors je n'en serais pas là.

Je voudrais être à Port-au-Prince avec M. Neptune.

Je voudrais que Man ne soit pas morte.

Et me regarde pas comme ça, tu ressembles à un thon !

– Tu pleures ?

– Non, je transpire.

– *Manti !*

– Eh oui, je suis pas comme toi, honnête et tout ça.

– Tu sais ce que j'en pense. Que si tu es comme ça, et moi comme ça, c'est qu'on ne peut pas faire autrement. Alors ne te plains pas. Ou prends une décision.

– J'ai promis à Lucie de ne rien dire.

– Oui mais elle ne te répond pas. Elle est peut-être…

– Quoi ?

– Non, rien.

– *Manti !* Moi qui te croyais honnête ! Alors quoi ?

– Je pensais… qu'elle était peut-être morte, mais c'est une *kouyonnad*, c'est pas possible, tu serais au courant.

– Pourquoi le serais-je ?

– Je sais pas, moi !

– Je n'y avais pas pensé. Attends, tu me fais peur. Elle est peut-être en grand danger, et si personne ne le sait, seulement moi qui me doute de quelque chose parce qu'elle ne répond pas à mes lettres, si elle est en danger donc, alors je suis coupable de ne rien faire ?

– Je ne sais pas.

– Oh, Malik, c'est trop compliqué de réfléchir, viens, on va se baigner, gros thon !

8

Je suis bien, comme toujours quand je dessine. Mon dessin, il ne représente rien mais c'est joli, des frises les unes en dessous des autres. Une ligne de vagues enroulées, une ligne de triangles attachés les uns aux autres, un triangle à l'endroit, un triangle à l'envers, à l'endroit, à l'envers, etc. Une ligne d'étoiles à six branches, puis à cinq, c'est plus difficile, mais je sais bien les faire, Évelyne se penche au-dessus de moi, je sens qu'elle est admirative, je ne desserre pas les dents, une ligne de spirales, je fais comme si elle n'était pas là, une ligne de petites mains, deux traces de pieds, et une ligne toute blanche, quand on ne voit plus qu'une seule trace de pieds, ce n'est pas que Dieu m'abandonne, c'est qu'Il me porte dans les épreuves, c'est dans la suite de l'histoire dans la Bible, je colorie toutes ces formes minuscules, j'en ai pour au moins trois jours tellement il y en a partout, des petits ronds, des points, et des ronds avec des points à l'intérieur, c'est pour Lucie, je ne sais plus quoi lui dire, alors mon dessin, le temps passé pour elle, la mesure de ma patience, peut-être comprendra-t-elle… *Patiente, courageuse, aventurière, fière, possessive, gaie et généreuse.*

Il y a trente-trois feutres à se partager dans la classe, le défi pour moi est de changer de couleur à chaque forme, et de recommencer dans le même ordre au bout des trente-trois. Je ferai une seule erreur… Exprès. Pour Lucie, le défi sera de trouver l'erreur. Comme ça, elle sera obligée de bien regarder. Malik au-dessus de mon épaule, il siffle sans trop serrer les lèvres, comme quand il me trouve belle, je l'imagine aussi relevant les sourcils en signe d'éblouissement, je reviens à mon dessin, concentrée, je fais comme si j'étais seule au monde dans les bras de Dieu.

Tjip ! Tjip ! Tjip ! Malik, au secours, j'ai taché mon dessin !

Je me mets à pleurer, c'est la première fois depuis quand j'étais petite, Évelyne vient tout de suite voir ce qui se passe, mais je reste muette et elle ne comprend rien à mes sanglots, je sors avec Malik, on va marcher tous les deux, il me console.

– Tu verras, demain, il aura séché, ton dessin ! Comment t'as fait pour faire une tache comme ça ?

– C'est une larme qui est tombée dessus.

– Justement, demain, on ne verra plus rien. Mais pourquoi t'as pleuré comme ça, après ? C'est toujours parce que t'as pas de réponse ?

Moi non plus cette semaine je n'avais pas de courrier. Faut pas t'attacher comme ça.

– C'est pas ça.

– C'est quoi ?

– C'est le tremblement de terre, Man, monsieur Neptune… Mon passé qui remonte parfois, ça me secoue, c'est comme la nuit, je fais toujours le même cauchemar, alors je me réveille en sueur, j'ai peur, je me pince pour savoir si je rêve ou pas, mais après je tourne sur ma paillasse, je ne me rendors pas tout de suite.

– Tu verras, un jour tu n'y penseras plus.

Malik frôle ma joue du dos de son index, *allez, pleure plus*, mais je pleure plus, sa main entière sur ma joue maintenant, ça fait du bien, je frissonne mais je n'ai pas froid, c'est mon ventre qui tressaille de joie, *tiens, voilà Mathilde !*

– Starling ! La dernière fois, c'est moi qui t'ai fait des tresses, aujourd'hui, c'est toi. Tu veux ?

– Tu as du fil pour les atébas ?

– Non, mais j'aimerais bien des zigzags.

– Je sais pas faire mais je veux bien essayer. Viens !

9

Les plantules sont prêtes : nous les avons arrosées chaque jour depuis une semaine, entreposées dans la serre du côté sud, mi-ombre, mi-soleil toute la journée, et maintenant elles attendent, leurs feuilles vert clair déployées dans toutes les directions.

Sur les vingt graines de mangue que j'ai ramenées de la cachette, seize ont bien germé, en tout, deux cent dix plantules sont alignées dans la serre, sur les rayons, au fond. C'est un peu plus que prévu, grâce aux semences que tout le monde nous a apportées, M. Simon, Ti Jean, et même le père Antoine ! Comme il ne mange que du citron (il dit que c'est bon pour son foie !), il nous avait gardé un plein sac de pépins.

M. Neptune devrait arriver d'un moment à l'autre, Jean-Claude est parti le chercher ce matin à Jérémie. Il paraît qu'il vient avec une surprise, j'ai hâte ! Je me demande bien ce que cela peut être… Il repart après-demain avec les plantules, et nous le rejoindrons dans un mois à Ville Bonheur pour la mise en terre.

Je me ronge les ongles en regardant mes multiplications, les chiffres à virgule bien rangés sur les lignes de mon cahier commencent à se déplacer et à se ranger n'importe où avec les retenues, je me frotte les yeux, il me semble entendre le moteur du 4×4 sur le chemin qui mène aux Alizés, le bruit des roues sur le sable, mais je m'endors.

– Devine c'est qui ?

Je me réveille, derrière moi, des petits doigts frais et collants me ferment les yeux, je le reconnaîtrais entre mille, Joseph !

Je me retourne et il me saute dans les bras, j'ai grandi mais lui aussi, je tombe par terre avec lui qui me serre trop fort et on rit aux éclats.

Nous sortons de la salle de classe toute vide et nous courons main dans la main, j'aperçois M. Neptune là-bas, il parle avec sœur Louise et Jean-Claude, je ralentis, lâche la main de Joseph, hésite un peu, j'avais tellement envie de lui sauter dans les bras aussi mais maintenant, avec mes seins… Il se retourne, me voit, et c'est lui qui vient à ma rencontre, et sans hésiter une seule seconde, il me soulève de terre, comme avant, *ou bel tifi ! Ki jan ou ye ?*

– *M pa pi mal !* Non ! je ne vais pas plus mal ! C'était Joseph la surprise ?

– Je suis allé le chercher à Limonade, avec tous les petits de Port-au-Prince, maintenant, ils vont habiter à Ville Bonheur, c'est moi qui leur ferai la classe.

– Et moi ? Moi aussi, tu viens me chercher ?

Mais Malik arrive, il me regarde avec des yeux de requin aujourd'hui.

– Non, en fait je suis bien ici, je ne veux pas partir. Viens, on va te montrer la serre et les plantes.

– Je vais ramener les plantules à l'école de Ville Bonheur, on va bien les arroser pendant un mois, ajouter un peu de terreau, nous n'ajouterons aucun produit chimique pour qu'elles soient très fortes, et puis vous arriverez, et nous irons repiquer les plantes tous ensemble.

– Vous en avez combien à Ville Bonheur ?

– Oh, moins que vous !

– C'est combien ?

– Une centaine… ? Mais toutes les écoles des villages alentour participent à l'opération, en tout, nous allons planter un véritable verger, nous prendrons des photos, et dans dix ans, vous verrez, vous ne reconnaîtrez pas La Vigie, vous pouvez déjà être fiers de vous.

Dans dix ans j'aurai vingt ans, comme Man quand elle m'a eue…

10

Joseph s'est endormi à côté de moi, je n'en reviens pas, sœur Louise a accepté !

Même dans son sommeil, il me serre la main, je suis heureuse, il est pour moi comme un petit frère, j'embrasse ses petits doigts maigres, je sens ses os sous la peau, on dirait des allumettes, il est fragile comme un oiseau. Sous mes baisers, tout à coup, sa main lâche la mienne et se renverse à l'envers sur la paillasse, en petite coupe.

Je sens qu'il s'est passé quelque chose aujourd'hui, je ne sais pas, quelque chose qui ressemble à la confiance, comme la main de Joseph abandonnée sur le drap. Avant je croyais que la vie c'était forcément perdre les gens que l'on aime, je ne savais pas que l'on pouvait les retrouver. Aujourd'hui j'ai retrouvé M. Neptune et Joseph, et je sais que c'est pour la vie, même si demain ils s'en vont.

Man, nous ne sommes pas perdues, juste séparées.

Je sais que je te retrouverai un jour dans le ciel et alors, ce sera pour toujours.

Et Lucie ? Ce soir en pensant à elle je ne suis plus triste, elle non plus, elle n'est pas perdue, même si elle est morte, et si elle ne l'est pas, peut-être la retrouverai-je un jour, je ne me pose plus de questions, je crois aussi que je suis capable de fouiller dans le tas de lettres tous les mercredis sans angoisse, ou même, de laisser Mathilde aller à Jérémie à ma place et de ne plus attendre de lettre du tout.

Jésus, mon ti fyansé, depuis le tremblement de terre, j'ai l'impression qu'un siècle entier a passé, tellement de choses sur ma route, aussi d'être vieille, très vieille, pourtant je n'ai que dix ans. Bientôt onze…

Je suis encore une *tifi*. À quel âge devient-on une femme ?

11

Chère Lucie,

Mettre nos plantules en terre ! J'attendais ça depuis que nous collectons les graines. Il y a deux jours, on a fait le voyage en minibus jusqu'à Jérémie avec Évelyne. Toute la classe est partie, nous sommes quatorze en tout, et puis, on est montés dans l'avion, personne ne l'avait jamais pris, à part Évelyne bien sûr, je me rappelle quand tu m'as dit que tu avais peur de prendre l'avion, c'est vrai, c'est très impressionnant, surtout le décollage, on se demande comment une chose si lourde va pouvoir s'arracher du sol, quand enfin au bout de la piste on sent quelque chose, c'est comme si le cœur remontait dans la gorge, et puis on a envie de l'aider à s'élever, je le poussais intérieurement, c'est bête ! Mais sinon, pendant le vol, on ne sent rien du tout, on n'a plus qu'à regarder le paysage, la mer, les îles, la côte, enfin, j'ai aperçu Port-au-Prince, j'étais du bon côté, il m'a semblé voir encore plein de tentes dehors, et encore des gravats, mais je n'ai pas regardé très longtemps car ça me faisait un peu mal de repenser à tout ça.

J'ai même fermé les yeux jusqu'à l'atterrissage, essayant de sentir quand exactement les roues toucheraient le sol, je crois que je l'ai senti même si ça s'est fait tout en douceur.

À l'aéroport, Julien nous attendait, Julien c'est M. Neptune, maintenant, il veut que je l'appelle comme ça, Joseph collé contre lui évidemment. On a repris un minibus jusqu'à Ville Bonheur, à Saut-d'Eau, Joseph m'expliquait le paysage au bord de la route, dlo a tonbe sou tet ou, la cascade, là ? Wi ! kom yon douch ! *Mais après je n'écoutais pas trop car je surveillais Malik et Mathilde au fond du bus. Ils m'énervent quand ils sont ensemble.*

À l'école, nos correspondants nous ont offert à boire, et puis ils nous ont emmenés dans les serres, mes seize plantules avaient tellement grandi ! Je les ai à peine reconnues, pourtant il n'y a qu'un mois que nous sommes séparées, si je peux dire…

Mes mains dans la terre hier, la terre pauvre de mon pays, rouge et chaude. Avec tous ses cailloux. Je creusais, je n'ai pas voulu de pelle, je voulais creuser avec mes mains nues, les copains et les copines à six mètres de moi, devant, derrière, à droite et à gauche. Nous quadrillions les pentes de La Vigie scrupuleusement, six mètres exactement nous séparaient et sépareront chaque jeune arbre de son voisin.

Consciencieusement, le bout de mes doigts fouillait la terre, en ôtait les cailloux, mes ongles grattaient le calcaire et la bauxite et près de moi, les jeunes manguiers frémissaient dans le vent, impatients d'enfoncer leurs racines dans la planète. J'ai creusé comme cela cinq trous d'un mètre de diamètre et de profondeur, chaque jour pendant trois jours, installé au fond chaque plant avec un tuteur, je les ai recouverts de terre et de cailloux jusqu'à la limite entre la tige et la racine, là j'étais émue, enfin j'ai tassé un peu, pas trop, qu'ils puissent respirer ! Et puis des camions sont arrivés les uns après les autres. Emplis de terre noire. Ils la déversaient au pied du volcan et nous allions en chercher avec un seau, pour en recouvrir nos jeunes pieds, leur sculpter un petit dôme lisse avec la paume de la main. Que cela sentait bon, cette terre noire !

Six mètres seulement entre deux arbres... Une distance toute nue aujourd'hui, mais qui dans dix ans sera entre eux secrète, à l'abri de leurs feuilles et de leurs branches, parfumée d'humus et d'écorces tièdes, et couverte de petites fleurs de toutes les couleurs. J'imagine déjà dans dix ans.

J'espère que je ne t'ennuie pas avec tous ces détails. Mais je crois que je viens de vivre un grand bonheur, et je ne peux pas t'expliquer pourquoi, c'est comme ça, je le sens dans mon ventre.

Je te ferai un dessin du volcan habillé de ses jeunes arbres : des losanges alignés dans le sens de la pente, de moins en moins nombreux vers le sommet. Des feuilles en forme de cœur qui dansent dans le vent, nous disent merci, et au revoir.

Des racines invisibles qui croissent et s'allongent en dessous, et peu à peu, retiendront la terre meuble de l'histoire d'Haïti…

Je ne le lâcherai jamais, mon verger de paradis.

Je pense toujours à toi et je prie pour toi, j'espère qu'il ne t'est rien arrivé de grave.

Starling

12

Chère Lucie,

Je suis si contente ! je le savais au fond de moi que tu ne m'abandonnerais pas. Tu ne pouvais pas m'abandonner.

Je n'ai pas compris tout ce que tu m'expliques dans ta lettre, juste que tu as failli mourir au moment de la transplantation des embryons, ça je connais, on peut le faire dans la terre, mais je me demande comment c'est possible dans le corps d'une femme… Et aussi, d'où ils viennent ces embryons, j'en parlerai à sœur Louise, elle m'a bien expliqué pour les règles, elle est sûrement au courant.

Tu sais, c'est pas grave si tu peux plus avoir d'enfants, comme ça, tu peux mieux t'occuper de ceux des autres, de Gaétan par exemple.

Et puis, moi, je suis ta filleule, c'est presque le même mot que fille !

Maintenant, je vais retourner à Jérémie tous les mercredis pour attendre tes lettres, mais c'est pas grave si tu es encore trop triste ou trop fatiguée pour écrire, je suis devenue très patiente. Et je ne penserai plus jamais que tu fais exprès de ne pas m'écrire pour te venger de moi. J'ai confiance.

Starling

Épilogue

12 janvier 2020,

dans le silence de la prière, je repense à ces dix années, depuis le tremblement de terre. Comme j'ai vite grandi en dix ans, comme le temps a vite passé. À genoux près de la haie de lauriers qui sépare les frères de Taizé des fidèles, je chante.

Je chante pour Jésus, *l'ange vint rouler la pierre*, pour mon enfant qui bouge déjà, *et s'assit dessus, j*e chante pour mon amour, le père de la grenouille qui tressaille et chatouille mes entrailles. Je me souviens quand on s'est aimés pour la première fois, sous un manguier à La Vigie. J'avais les yeux fermés et je sentais les feuilles qui caressaient ma peau en même temps que ses doigts.

Je chante pour Lucie. Lucie qui ne m'a jamais oubliée. Lucie qui prend l'avion et vient me voir dans mon pays.

En Haïti.

Les aubes blanches se lèvent dans ma rêverie décorée de centaines de bougies, les flammes dansent sur les murs et du fond de la salle quelques enfants avancent lentement, frère Aloïs les précède, une petite fille lui tient la main, elle est blonde, ses longs cheveux ondulent dans la lumière des vitraux, ses pieds nus touchent à peine le sol, elle passe, me regarde et je chante encore.

Demain je m'envole pour Reykjavik, j'ai envie de marcher sur cette terre. Là-bas, les abysses s'étalent à fleur d'océan, tout nus. C'est un endroit unique au monde, comment vous expliquer ?

Tout au fond de l'océan Atlantique, immergée du nord au sud, se trouve une chaîne de montagnes hérissée de volcans, une dorsale, cela s'appelle. Au fur et à mesure des éruptions sous-marines, une île est remontée à la surface de l'eau, l'Islande, comme un secret lentement dévoilé.

Je vais marcher sur le fond de l'océan ! La tête dans l'air de l'univers ! Prendre dans mes mains du basalte de tous les âges, dix mille ans, dix ans, un instant, aussi !

Et dans dix ans j'aurai trente ans, je serai plus vieille que Man, c'est bizarre…

Des frères devant l'autel se lèvent et, les uns derrière les autres, se retirent. D'autres au fond de la salle se lèvent aussi, mais viennent s'agenouiller à leur tour devant l'autel. Ils chantent encore, *Bless the Lord My Soul*, et se retirent aussi, mais un peu plus tard. Ici, la fin s'égrène lentement, les derniers fidèles se lèvent, je chante toujours, *Who Leads Me Into Life*, un frère m'accompagne encore. Enfin, quand je suis prête, je me retire aussi.

Derniers titres parus aux éditions Thierry Magnier

Collection « Romans »

Ultraviolet
de Nancy Huston
Dans son journal, Lucy écrit tout ce qu'elle ne peut pas dire à haute voix. À treize ans, les idées se bousculent dans sa tête et les sensations dans son corps. L'arrivée du docteur Beauchemin à la maison lui offre un interlocuteur troublant.

Comment je suis devenue flic
de Anne et Marine Rambach
Alice a deux choses à dire à sa mère pour fêter l'anniversaire de ses quinze ans. Un : le Muffin Palace fait les meilleurs muffins du monde. Deux : elle veut devenir flic.

Un cargo pour Berlin
de Fred Paronuzzi
Elle s'appelle Nour - Lumière, en arabe - et elle porte bien son nom. Quand elle succombe au charme envoûtant d'Idriss, elle ne se doute pas, alors, qu'aimer peut être une faute... Il lui faudra fuir, pourtant, devenir Youness.

Tout le monde est une idole
de Marie-Sophie Vermot
Matthias Vernier ne sera plus jamais le même. Mademoiselle Prince est morte, avec elle les 28 autres élèves de la seconde 4. Il est le seul rescapé. Oublier, refuser le chagrin, Matthias part au sud de l'Italie, chez ses grands-parents.

Coline, 17 ans, dans la rue
de Valérie Lacroix
Coline en a marre de tout. Alors elle se casse, disparaît, s'enfuit. Elle apprivoise les rues de Lyon avec son chien qui la protège, et refuse tout lien avec sa vie d'avant. Elle sait bien que cela ne durera pas mais cette « vacance » sociale lui est nécessaire.

Jean II le Bon
de Fabrice Vigne
Quatre ans après l'écriture de Jean Ier le Posthume, Arthur, Stan et Elsa feraient bien un autre roman plus conséquent mais dans la même veine, celui de Jean II le Bon. Les voilà partis pour de longues conversations où chacun défend âprement sa vision de la littérature.

Granpa'
de Christophe Léon
Depuis ses sept ans, John vit avec son grand-père et partage ses convictions. Quand il s'agit de lutter contre l'Arizona Oil Company pour préserver les terres de Granpa', John ne réfléchit pas.

Prisonniers du chaos
de Roland Godel
Maxime passe ses premières vacances sans sa famille dans une île du sud. Parti en excursion avec Maria et Ange, les enfants de sa logeuse, il se retrouve bloqué dans la montagne par une incroyable tempête. Au retour, rien ne sera plus pareil.

L'Odyssée d'Alizée
de Gisèle Pineau
Adolescente noire dans une famille blanche, Alizée a été adoptée. À treize ans, elle aimerait en savoir plus sur sa famille biologique, retourner en Haïti.

Zone tribale
de Pascale Maret
À la maison rien n'est drôle pour Souf Bédié. Dehors, le charisme de Chaka fait merveille. Défenseur d'une Nation noire, il dirige une société secrète, la Première Tribu. Dans les caves de la cité Verlaine, il prépare la révolution. Souf est sous le charme. Mais est-il vraiment prêt à commettre l'irréparable ?

J'ai quinze ans et je ne l'ai jamais fait
de Maud Lethielleux
Capucine et Martin sont dans la même classe. Elle, belle, arrogante et intelligente, obsédée à l'idée de faire l'amour pour la première fois et lui, musicien perdu dans ses rêves, s'ignorent ; mais plus pour longtemps.

Mahout
de Patrice Favaro
Un camp d'éléphants dans l'Inde d'aujourd'hui. Animaux et mahouts, leurs dresseurs, y partagent une même vie misérable. Quand Trishur, le grand éléphant mâle, fait voler en éclats ses chaînes, Sid, jeune apprenti, devine qu'il n'aura pas d'autre occasion de s'enfuir.

L'Étranger sur le sable
de Anna Mackenzie traduit de l'anglais (Nouvelle-Zélande) par Élodie Leplat
Ness vit sur une île où tout contact avec l'extérieur est interdit. Mais un jour, au bord de la mer, elle découvre un étranger gisant sur le sable. Elle décide de le cacher. C'est pour elle l'espoir d'une autre vie.

Le Survivant
de Jeffry W. Johnston traduit de l'anglais (États-Unis) par Jean Esch
Chase est l'unique survivant de l'accident de voiture qui a tué ses

meilleurs copains. Aucun souvenir du drame, seuls des flashes surgissent. Pour comprendre, il devra plonger loin dans son inconscient.

Le Grand Joseph
de Kochka
Joumana est née à Beyrouth, sa mère a épousé un Français. La vie pourrait couler ainsi, douce et joyeuse, mais la guerre civile éclate au Liban. Joumana et sa mère se réfugient à Paris.

Petite Audrey
de Ruth White traduit de l'anglais (États-Unis) par Valérie Dayre
Après la mystérieuse disparition de sa mère, Woodrow part vivre chez ses grands-parents, près de sa cousine Gypsy. Ensemble, ils vont découvrir des secrets de famille bien gardés.

Le Fils de Belle Prater
de Ruth White traduit de l'anglais (États-Unis) par Geneviève Thomas
À la fin des années 1940, la vie n'est pas facile dans la cité minière de Jewell Valley : l'argent manque, la faim est omniprésente. Audrey doit faire face en tant qu'aînée. Mais la vie réserve des surprises…

Silence, on irradie
de Christophe Léon
Un village à l'abri d'une centrale nucléaire. Un jour, une explosion pétrifie tout. Trois enfants survivent et se terrent pour de mauvaises raisons. Ils restent au village, seuls.

Héro, mon amour
de Anna Onichimowska traduit du polonais par Margot Carlier et Lydia Waleryszak
En apparence, une famille aisée très heureuse. Mais tous cachent des secrets pour préserver une fausse sérénité. Chacun a besoin de sa « petite drogue » pour mieux fonctionner, être à la hauteur.

Mauvais plan
de Dana Reinhardt traduit de l'anglais (États-Unis) par Dominique Piat
Enna, Anna et Mariah ont très envie de passer une soirée chez un copain plus âgé mais elles savent que leurs parents refuseront. Alors elles inventent un mensonge énorme dont les conséquences les dépasseront complètement.

Contredanse
de Chiara Simonetti traduit de l'italien par Marguerite Pozzoli
Mariolina ne danse pas pour se distraire mais pour devenir une danseuse étoile. « Madame », leur professeur, est intransigeante et n'hésite pas à humilier ses élèves. Une dernière provocation de sa part et Mariolina ne se maîtrise plus.

Le Monde de Lenny

de Kate Banks traduit de l'anglais (États-Unis) par Valérie Dayre

Lenny dit toujours ce qui lui passe par la tête, exaspérant ses professeurs. Sa mère pose pour des publicités et doit constamment porter des gants. Est-ce parce qu'il ne connaît pas la douceur de ses mains que Lenny doit aller voir Muriel ?

Pirate des Garages-Vides Rapport

de Corinne Lovera Vitali

Le rapport, c'est Jim qui l'écrit, pour le juge. Sa mère, Jean-François, l'instit, l'assistante sociale, le juge, tous sont d'accord pour qu'il change d'air. Et lui aussi en fait. Alors il est parti à la campagne, la vraie, dans une ferme vraie aussi.

Le monde attend derrière la porte

de Pascale Maret

Sarah vit depuis toujours selon les règles de la communauté des Rigoristes. Un jour elle étouffe et remet tout en cause. Ses parents risquent la relégation, mais elle ne se résigne à rien, ne veut plus renoncer.

Les Tortues de Bolilanga

de Frank Prévot

Sur l'île indonésienne où vit Alam, la légende d'Ibou Min' lui permet de mieux accepter la mort de son petit frère. Sur l'île de Bolilanga, la mère des anges recueille les enfants morts transformés en tortues. Aussi, Alam décide de protéger ce sanctuaire de la voracité des promoteurs immobiliers.

Les Égarements de Lily

de Véronique M. Le Normand

En une seule nuit, Lily se retrouve défigurée pour plusieurs jours. Cachée chez sa tante, loin des regards, le temps s'arrête. Une semaine pleine de questions. Pourquoi elle et pourquoi maintenant ?

Le Chevalier au loup

de Viviane Moore

1198. Padrig guide les pèlerins de l'abbaye de Beauport en Bretagne jusqu'à Saint-Jacques-de-Compostelle. Son fils Armel l'accompagne pour la première fois et devra vite prendre la relève et élucider le meurtre de son père.

Un soir, j'ai divorcé de mes parents

de Rachel Hausfater

C'est décidé, il divorce... de ses parents. Pas pour tout le temps, mais un week-end sur deux, il part, seul, à l'aventure, pour se chercher et peut-être se trouver. Il va apprendre à regarder ses parents et la vie d'un autre œil.

Collection « Nouvelles »

Quelle mouche nous pique
Hervé Giraud
Le lycée, les copains, la famille, les filles, le désir qui tourmente, la débrouille pour se faire de l'argent de poche... Douze histoires entre le regret de la grâce de l'enfance et l'impatience d'être enfin adulte.

Mad Froggy
de Vincent Crouzet
Mad Froggy est chauffeur de Rikki, l'un de ces taxis-bus qui sillonnent la ville du Cap. Français excentrique, favori des marginaux, bête noire de la police, il véhicule toutes les catégories sociales. Une folle plongée au cœur de la nouvelle Afrique du Sud.

Tailles douces
de Jean-Noël Blanc
Une histoire dont le lecteur choisit la fin, vous en avez toujours rêvé ? Jean-Noël Blanc l'a fait ! Des nouvelles avec ou sans chute, une intrigue racontée de différents points de vue, un texte sans accent ou sans adjectif... Une foisonnante galerie d'histoires et de personnages.

Amour en cage
de Jean Molla
Il y a des moments que l'on traverse en sachant qu'on ne les oubliera jamais. En treize histoires, l'auteur nous invite à voyager vers ce qui, dans le quotidien, ne l'est justement pas.

Terrains minés
de Fred Paronuzzi
En France, en Irak ou en Afrique, par temps de paix ou de guerre, sous un régime démocratique ou dictatorial, le football est un langage universel, un passeport vers la diversité du monde.

Totale angoisse
de Brigitte Aubert
Tueur en série, évadé de prison, psychotiques livrés à eux-mêmes... Une série de récits à suspense, du thriller cent pour cent, sang pour sang.

Pas folle la guêpe
de Hervé Giraud
Il a huit ans, douze ou quinze. Il nous raconte sa famille, ses plaisirs et ses doutes, ses courages, ses lâchetés... Sa vie. Il nous révèle les trésors inépuisables du quotidien.

Demain ça ira mieux
de Jean-Paul Nozière
Il y a des jours où tout va de travers. Avec humour, suspense et tendresse, Jean-Paul Nozière dresse le portrait de ces perdants magnifiques dont la vie est soudain au-dessus de leur force. Demain, ça ira mieux?... On peut toujours rêver.

Périgord noir
de Louis Sanders
Le Périgord... Ses forêts giboyeuses, son foie gras, ses Anglais, sa Dordogne, ses châteaux... Ses crimes. Six histoires où le crime s'invite dans la vie de tous les jours. De la littérature noire qui sait toucher au plus profond de l'âme humaine.

Le Bâtard de l'espace
de Colin Thibert
Entre clonage, trafic d'organes, divorce parents-enfants et voyages dans le temps, dix nouvelles de science-fiction pas si loin que ça de la réalité et qui, par un humour dévastateur, dressent un portrait délirant et catastrophique de notre futur proche.

La Botte secrète
d'Éric Boisset
Onze aventures toutes véridiques, onze bêtises plus grosses et plus drôles les unes que les autres... Des nouvelles d'une grande fraîcheur qui saisissent ces rares moments de vie où seuls comptent l'instant présent et la certitude d'une éternelle jeunesse.

Noir américain
d'Armand Cabasson
Quand le rêve américain tourne au cauchemar, c'est tout le monde moderne qui vacille. En dix nouvelles à suspense, passant du pur thriller au polar psychologique, ce recueil coup de poing trace un portrait au vitriol d'une Amérique qui se perd.

Quand le sentiment...
de Hubert Ben Kemoun
Un recueil d'histoires d'amour... qui finissent mal! Avec beaucoup d'humour et un sens aigu de l'observation, l'auteur plonge les lecteurs au plus pro-fond du ressenti amoureux, pour le meilleur, mais surtout pour le pire.

L'Écho des armes
de Yann Mens
Dans le métro, les mendiants ont des histoires qui se confondent avec l'Histoire dont on parle au JT. Tout comme celles des jeunes femmes africaines qui gardent nos enfants et dont on ne soupçonne pas le passé. Un tableau géopolitique contemporain des pays en guerre.

CET OUVRAGE A ÉTÉ ACHEVÉ D'IMPRIMER
DANS LA CITÉ-SOLEIL POUR LE COMPTE
DES ÉDITIONS THIERRY MAGNIER
PAR L'IMPRIMERIE FLOCH À MAYENNE
EN FÉVRIER 2011
DÉPÔT LÉGAL : MARS 2011
N° D'IMPRESSION : 78827

Imprimé en France